VORGEDANKEN ZUR WELTANSCHAUUNG

(NIEDERGESCHRIEBEN IM JAHRE 1901)

William Stern

Seitenkonkordante Neuerscheinung der Ausgabe von 1915
im Verlag von Johann Ambrosius Barth, Leipzig,
in der Reihe *Philosophisches Archiv*,
hrsg. u. durchgesehen von Guido Karl Tamponi
Berlin 2025

Anregungen, Anmerkungen und Korrekturen an:
philosophischesarchiv@proton.me

2025
Guido Karl Tamponi, Herausgeber

Philosophisches Archiv
c/o Tamponi
Reichsstraße 30
14052 Berlin
Deutschland

 tredition

Druck und Distribution im Auftrag des Herausgebers und gleichzeitig
Kontaktadresse nach EU-Produktsicherheitsverordnung:
tredition GmbH, Heinz-Beusen-Stieg 5, 22926 Ahrensburg, Deutschland
support@tredition.com

Vorwort.

Vierzehn Jahre hat diese Handschrift im Schreibtisch gelegen — das Erzeugnis einer Sturm- und Drangperiode in der philosophischen Entwicklung des Verfassers.

Zu einer Zeit, da ich im Ringen mit den großen Fragen der Weltanschauung in der Ferne die Umrisse eines philosophischen Systems zu sehen glaubte, schrieb ich mir zunächst die vorbereitenden Gedanken von der Seele: Gedanken darüber, was die Weltanschauung überhaupt sei und bedeute, in welchem Sinne sie möglich und aus welchem Grunde sie notwendig sei; und Gedanken darüber, wie unsere Epoche mit ihrem Willen und ihrer schöpferischen Kraft zur Weltanschauung stehe.

Also eine Art Programmschrift; sie bezog sich zwar auf die Gegenwart, aber nur, um aus ihr zu entwickeln, was von der Zukunft zu erhoffen und zu fordern sei. Und dies war der Grund, der mich von einer Veröffentlichung zunächst zurückhielt. Es erschien allzu bequem und billig, Bedürfnisse und Sehnsüchte an die Wand zu malen, ohne durch eigene Betätigung an ihrer Erfüllung mitgewirkt zu haben.

In den nächsten Jahren gewann allmählich das System des „kritischen Personalismus" Gestalt, und 1906 konnte seine Ableitung und Grundlegung als erster Band des Werkes „Person und Sache" erscheinen. In der seither verflossenen Zeitspanne ist das Buch nur in engerem Kreise auf Interesse gestoßen. Philosophische Weltanschauungen bedürfen eben einer besonders langen Inkubationszeit; was bedeutet da ein Jahrzehnt!

Inzwischen wurde die Arbeit an der Ausgestaltung des personalistischen Systems fortgesetzt. Weniger in meinen Veröffentlichungen; diese galten der empirischen Psychologie, und nur einleitungs- und andeutungsweise kam hier ein von den herrschenden psychologischen Richtungen abweichender Standpunkt zum Ausdruck. Wohl aber in noch ungedruckten Niederschriften: der zweite Band von „Person und Sache", welcher „Persönlichkeit und Bewußtsein des Menschen" behandelt, wird in absehbarer Zeit zum Abschluß gelangen; eine kleinere Gleichnisschrift „Der Einzelne und die Gesamtheit" soll zu der Anwendung des Personalismus auf die praktische Philosophie überleiten.

So ist jener persönliche Grund, der mich vor 14 Jahren von einer Veröffentlichung der Vorgedanken abhielt, heute nicht mehr gültig. Entscheidend aber für den jetzigen Entschluß der Herausgabe war ein sachlicher Grund.

Der „Wille zur Weltanschauung", der zum Jahrhundertbeginn innerhalb der Kulturmenschheit nur als wenig bemerktes Fünkchen unter der Asche der Weltanschauungslosigkeit glomm, ist allmählich, namentlich in unserem Vaterlande, zu einer Flamme geworden, in der eine neue Philosophie geschmiedet werden kann. Wer sich zur Mitarbeit an dieser berufen fühlt, ist nun verpflichtet, hervorzutreten und weitere Kreise hinzuweisen auf die Wege, deren Gangbarkeit er für sich erprobt hat. Die Überzeugung von dieser Pflicht ließ mich im Frühsommer 1914 die alte Handschrift hervorholen und zur Drucklegung bereiten — da kam der Krieg und schob sie noch einmal in den Schreibtisch zurück.

Aber jetzt nach einjähriger Dauer des Krieges mag sie dennoch erscheinen. Denn der Weltbrand ist nicht nur ein Vernichter, er leiht auch jener Schmiedeflamme der Weltanschauung seine gewaltige Glut. Wie es um diese geistesschöpferische Bedeutung des Krieges in den anderen Kulturländern stehen mag, das läßt sich in der Abgeschlossenheit unseres gegenwärtigen Lebens nicht erkennen; der deutsche Geist aber kann nicht kämpfen, ohne zu grübeln. Wenn er sich allzulange bewegt hatte im Kult der tausend Tatsachen und in der Zersplitterung des Spezialistentums — jetzt stand er vor einem inneren Erleben von solcher Urgewalt und vor Rätseln von solcher Wucht, daß das Verlangen nach einem einheitlichen Welt- und Lebensbilde zur Einordnung alles Alten und Neuen unbezwinglich wurde. Deshalb wird nach dem Kriege, wie wir überzeugt sind, eine Epoche aufbauender Philosophie zur schnellen Reife kommen; und so gehören die „Vorgedanken zur Weltanschauung" in diese Gegenwart, auch wenn sie — ein Erzeugnis tiefster Friedenszeit — zu dem Kriege als solchem keine unmittelbare Beziehung haben.

Die Durchsicht, welche das Schriftchen zum Zweck der Drucklegung erfuhr, erstreckte sich fast ausschließlich auf stilistische Änderungen und auf Beseitigung von Breiten. Dagegen ist an Gehalt und Gestalt im eigentlichen Sinne mit voller Absicht nichts gewandelt worden. Es würde die Geschlossenheit und Ursprünglichkeit, vor allem auch das subjektive Temperamentsgepräge der Darstellung beeinträchtigt haben, wenn ich sie meiner objektiver gewordenen heutigen Denkweise angepaßt und auf die inzwischen eingetretenen Änderungen der Kulturlage nachträglich Bezug genommen hätte. Der Leser wird daher gebeten, nicht zu vergessen, daß er einem jüngeren Verfasser und daß er einem Kulturquerschnitt aus der Jahrhundertwende gegenübersteht.

Unserer deutschen Jugend widme ich diese Schrift meiner Jugend — Jenen, die im Waffenkampf der Geistesnahrung nicht entbehren wollen und die später im Geisteskampf um die Weltanschauung ihre gestählten Kräfte üben mögen.

Breslau, im Sommer 1915.

W. Stern.

Inhalt.

Erster Teil
Das Wesen der Weltanschauung

1. Vorbereitung.

Der Begriff.

Das Wort „Weltanschauung" verdankt erst den letzten Jahrzehnten seine Prägung. Aber es ist nicht darum modern, weil das, was es ausdrückt, erst in unserer Zeit entdeckt worden wäre (denn Weltanschauungen gibt es, solange es Menschen gibt), sondern gerade, weil wir es weniger haben als frühere Epochen, weil wir es missen und suchen. Unsere Zeit schuf das neue Wort als Sehnsuchtswort.

Fragt man nun nach dem Gedankengehalt, der mit dem Wort verbunden wird, so zeigt sich sofort, daß dem Begriff trotz mannigfachen Gebrauchs die klare Umschreibung noch fehlt. Solange wir uns aber nicht darüber Rechenschaft gegeben haben, was Weltanschauung überhaupt sei, was sie wolle und könne, ist eine Erringung einer eigenen Weltanschauung, wenigstens in ihrer höchsten, der philosophischen Form, nicht möglich.

Deshalb sei, zunächst noch ohne Zuspitzung zu e i n e r inhaltlich determinierten und Geltung beanspruchenden Weltanschauung, der allgemeine Begriff d e r Weltanschauung geklärt und eine Charakteristik seiner Wesensbestimmungen versucht.

Die „Welt-Anschauung" will eine Abbildung, eine Darstellung der Welt enthalten. Das gleiche wollen Religion und Metaphysik; doch ist jener Begriff zum Teil weiter, zum Teil enger als diese. Weiter: denn es gibt nicht nur religiöse und philosophische, sondern auch zahlreiche andere Formen der Weltanschauung. Enger: denn es gibt innerhalb der Religion und der Philosophie viele Gebiete, die nicht direkt Weltanschauungscharakter tragen, so dort den Kult, hier die Erkenntnistheorie.

Am kürzesten läßt sich die besondere Färbung des Begriffs „Weltanschauung" fassen durch den wesentlich objektiv-subjektiven Charakter. Dieser ist schon im Namen ausgesprochen: denn „Welt" ist der Inbegriff alles Realen, aller objektiven Dinge und aller gültigen Werte, „Anschauung" aber ist die Funktion, durch welche, und die Form, in welcher sich das Subjekt jene Welt zu eigen macht.

Weltanschauung ist die Ineinsbildung von Welt und Subjekt. Dies hat eine doppelte, eine theoretische und eine praktische Bedeutung.

Beginnen wir mit der theoretischen Seite.

Was ist ein Gemälde? Nicht eine bloße Wiederholung der Natur, sachgetreuer Abklatsch des Objekts, wie es die Nachahmungstheorie will. Aber auch nicht selbstherrliche Schöpfung einer schrankenlosen Subjektivität. Sondern es ist die Verarbeitung des Objekts durch eine schauende und formende Persönlichkeit.

Ein Gleiches gilt vom Weltgemälde, das der Mensch sich entwirft. Seit Kant hat auch in der Philosophie die Nachahmungstheorie abgewirtschaftet. Ein imitatives Weltbild, eine absolut objektive Wiedergabe des Seins an sich, ist dem endlichen Geiste versagt. Der Kritizismus wertete diese Einsicht in vorwiegend negativem Sinne, zur Bekämpfung der rationalistischen Metaphysik, die das Weltwesen durch Weltwissen erfassen wollte und — ins Leere griff. Kein Objekt ohne Subjekt. Die Weltanschauung aber kehrt den Gedanken ins Positive. Kein Subjekt ohne Objekt. Kann ich die Welt an sich nicht fassen, so doch die Welt für mich. Ist der Mensch auch kein achromatischer ebener Spiegel, der die Dinge da draußen getreu wiedergibt, sondern ein Prisma, das die Strahlen des Weltlichts in tausend Farbentönen bricht, so ist es doch das Weltlicht, das in diesen Farben gebrochen wird.

Die Weltanschauung ist bescheidener als die alte Metaphysik, aber anspruchsvoller als Skepsis und Positivismus; sie verzichtet auf das metaphysische Wissen im Sinne der absoluten Wahrheit, aber sie bejaht den metaphysischen Trieb im Sinne einer Tendenz zur höchsten Vereinheitlichung aller Überzeugungen und Wertungen, und sie erstrebt die Erfüllung dieses Triebes, soweit eine solche dem Menschen vergönnt ist.

Zum Wesen der Metaphysik wie auch der Religion gehört zwar, an sich genommen, ebenfalls der „objektiv-subjektive" Charakter, aber zugleich das Fehlen des Bewußtseins von ihrer zum Teil subjektiven Bedingtheit. Sie müssen an die schlechthin absolute Gültigkeit und Objektivität ihres Weltbildes glauben, oder sie sind nicht mehr Religion und Metaphysik. Die Weltanschauung begnügt sich mit einer nur relativen Gültigkeit. Sie weiß um das Subjektive, das an ihr beteiligt ist und das ihre Objektivität dreifach begrenzt. Jede Weltauffassung wird zunächst getragen von dem erkenntnistheoretischen Subjekt, d. h. der für alle Menschen identischen Organisation der Vernunft, welche die Vorbedingung für die Möglichkeit alles Erkennens ist. Sie wird zweitens differenziert durch das kulturelle und nationale Subjekt, d. h. durch die besonderen Strebungen und Überzeugungen der Kulturepoche, Kulturschicht, Volksseele, die sich zum Weltbild verdichten. Sie wird endlich individualisiert durch das Einzelsubjekt, d. h. durch die Persönlichkeit dessen, der die Weltanschauung schafft und gestaltet. — Ja, noch mehr, diese subjektive Begrenzung wird für die Weltanschauung aus einem Mangel ein Vorzug und konstitutiver Wert: während in allem schlechthin Objektiven und Allgemeingültigen die Eigenart des Subjekts sich verlieren muß, erschließt die Weltanschauung dem Subjekt die Welt, ohne daß die Welt das Subjekt verschlänge. Subjekt und Weltanschauung gehören zusammen wie Künstlertum und Werk, wie Heroentum und Tat. Deshalb ist für den Begriff der Weltanschauung ein ergänzender Genitivus subjectivus wesentlich: wir sprechen von der Weltanschauung der Renaissance und der Aufklärung, des Kaufmanns und des Künstlers, des Inders und des Engländers, Spinozas und Goethes usw., — während Religion nur die Religion, Metaphysik nur die Metaphysik sein will. Und aus gleichem Grunde kann es für den, der eine Weltanschauung hat, dennoch andere Weltanschauungen neben ihr geben, — während es für den, der Religion oder Metaphysik besitzt, im strengen Sinne keine Religionen oder Metaphysiken geben kann.

Alles Bisherige galt dem Weltbild, der theoretischen Seite der Weltanschauung. Aber der Mensch ist mehr als Theoretiker;

die Welt ist ihm nicht nur das Objekt seines Schauens und Denkens, das er in ein Begriffssystem zu fassen sucht, sondern zugleich das Objekt seines Schaffens und Handelns, nicht nur „Schauplatz", sondern auch „Kampfplatz"; und erst diejenige Weltanschauung erfüllt ihre Aufgabe ganz, welche auch diese praktische Seite regelt. Wir fühlen uns in der Welt nicht nur als fremde Forschungsreisende, sondern als bodenwüchsige Eingeborene, und unser Weltbild soll mehr als beschaulich-gleichgültige Landeskunde, soll Heimatskunde sein. Zur Frage: Was ist die Welt? gehört die andere, ja sie geht ihr voran: Was ist sie mir? Was bin ich ihr? Was schulde ich ihr? Als Antwort auf diese Fragen entsteht ein Inbegriff von Überzeugungen über Wert und Sinn menschlichen Daseins, über Pflichten und Aufgaben, die der Mensch sich selbst und den mannigfachen Kreisen der Welt: der Familie, dem Staat, der Menschheit, der Gottheit gegenüber zu erfüllen habe, über Recht und Sitte, über Verzweiflung und Erlösung — ein Inbegriff von Überzeugungen, der, sofern er tatsächlich das praktische Sein und Tun des Subjekts bestimmt, dessen „Lebensanschauung" darstellt.

Und wieder tritt der zugleich objektiv-subjektive Charakter dieser Überzeugungen hervor. Objektiv sind die Werte, da sie die Bedeutung unbedingt geltender Forderungen haben. Aber diese Forderungen erstrecken sich auf das Subjekt, das wieder in jener dreifachen Form aufgefaßt wird: als allgemein menschliches Subjekt, sofern die Lebensanschauung die für jedes Menschenwesen verbindlichen Normen enthält, als kulturelles und nationales, indem die Strömungen einer Zeit, die Willensrichtungen eines Volkes sich zu Wertungen verdichten, als individuelles, indem jeder Einzelmensch aus seiner Eigenart heraus seine besondere Lebensaufgabe und sittliche Mission entwickelt.

So besteht denn die Weltanschauung im wahren Sinne des Wortes aus zwei Momenten: einem System von Begriffen und Sätzen, in denen der Mensch das Sein der Welt theoretisch erfaßt, und einer Hierarchie von Wertungen, durch welche der Mensch seine Stellung in der praktischen Wirklichkeit bestimmt. Beide Teile haben denselben Gegenstand, sehen ihn aber von verschiedenen Standpunkten an. Die Lebensanschauung ist anthropozentrisch und muß es sein; die Welttheorie braucht es nicht zu sein und ist es in neuerer Zeit auch meist nicht mehr. Dennoch müssen sich beide zur vollen Einheit verbinden lassen: nur dasjenige theoretische Weltbild kann eine „Weltanschauung" begründen, welches jene Umstellung und Anwendung auf die Lebensanschauung verträgt, ohne sich selbst aufzugeben. Und umgekehrt: nur diejenige Gesamtheit von Prinzipien der Lebensführung kann als „Weltanschauung" gelten, welche sich zugleich in irgend einer Weise einer theoretischen Gesamtüberzeugung vom Wesen der Welt einpaßt. Damit haben wir Forderungen ausgesprochen, die — obwohl oft genug vernachlässigt — dennoch grundsätzlicher Art sind; ja sie umschließen, wie wir später sehen werden, geradezu die Existenzfrage der Weltanschauung. Denn diese hat letzten Endes die Aufgabe, das Verhältnis von intellektueller Erkenntnis zu wertender Stellungnahme auf eine Einheitsformel zu bringen.

Nicht-philosophische Weltanschauungsformen.

Innerhalb des Umkreises dessen, was wir „Weltanschauung" nennen können, gibt es eine unübersehbare Reihe von Abstufungen: von dem rudimentären Gesichtskreis des kleinen Kindes, dem „die unendliche Welt noch die Wiege", bis zur Weltansicht des reifen weitschauenden Weisen; von dem Fetischismus des primitiven Menschen bis zum abgeklärten Monotheismus des modernen Kulturmenschen. Das Unterscheidungsmerkmal für die verschiedenen Stufenhöhen sind aber nicht sowohl bestimmte inhaltliche Erklärungs- und Wertungsprinzipien — findet man doch idealistische und naturalistische, optimistische und pessimistische usw. Weltanschauungen auf allen Stufen — sondern formale Merkmale: der Umkreis dessen, was als „Welt" in die Weltanschauung einbezogen wird, die Art, wie dieser Inhalt zustande gekommen ist, und die bewußte Intensität, mit der das Weltanschauungsziel erstrebt wird. Und auch die im eigentlichen Sinne philosophische Weltanschauung grenzt sich nicht durch einen bestimmten Inhalt gegen andere ab, sondern sie ist die

Form, in der jede Weltanschauungsrichtung ihre für den Menschen höchstmögliche Ausgestaltung erreicht.

Ehe wir uns unserem Hauptthema, der philosophischen Weltanschauung, zuwenden, sei auf die wichtigsten vor-philosophischen Stufen ein kurzer Blick geworfen: auf die Weltanschauung des Primitiven, auf die des Gebildeten, auf die des „Einseitigen."

In latenter, unbewußter Form besitzt jedermann eine Weltanschauung. Auch der einfachste, der unwissendste Mensch findet sich in irgend einer einheitlichen Weise ab mit dem, was ihn umgibt, was er erlebt. Sein Ich bildet das Bindemittel für die zerstreuten einzelnen Eindrücke, Wertungen und Gedankengänge; diese stehen nicht einfach nebeneinander, sondern durchdringen und verschmelzen sich zu einem Ganzen, das als „Weltbild" freilich oft lückenhaft und dürftig genug ist und nur geringen Bewußtseinsgrad hat. Welches sind die Bausteine, aus denen ein Fidschi-Insulaner oder auch ein russischer Bauer seine Weltanschauung errichtet? Die zufälligen Eindrücke seines engbegrenzten Lebens, in welches die weitere Welt nur selten einen verlorenen Ton hineinklingen läßt, die beschränkten Lebensbeziehungen seiner Umgebung, über die er nie hinausgekommen ist, ein Wust von Überlieferungen theoretischer und praktischer Art, die er ohne Besinnen und ohne Prüfung sich einverleibt, und die als religiöse, mythologische, rechtliche, sittliche Anschauungen die Hauptlinien in die Zeichnung hineinbringen. Endlich einige wenige Reflexionen und mehr oder weniger Phantasie eigener Schöpfung, „das ist seine Welt, das heißt eine Welt"! Was er Neues erfährt, gleitet entweder ab, oder wird kritiklos und zwangsweise eingegliedert in eines der wenigen Fächer, über welche er verfügt. Immerhin sei es auch hier schon betont, daß selbst eine solche schlichte Weltanschauung nicht ganz der persönlichen Färbung entbehrt. „Eine jede Monade spiegelt das Universum von ihrem Standpunkte."

Innerhalb dieser volkstümlichen Weltanschauungen gibt es nun selbstverständlich noch eine unendliche Stufenreihe von tiefer oder höher gearteten Formen, aber sie bilden doch, wenigstens in unserer Zeit, eine geschlossene Masse gegenüber einer anderen Hauptstufe der Weltanschauungsgestaltung, der des Gebildeten.

Diese Zeilen beabsichtigen natürlich nicht, das schwierige Problem des Bildungsbegriffs in seinem ganzen Umfange aufzurollen, sondern sie wollen lediglich einen engen Ausschnitt aus jenem Begriff, eben die Weltanschauungsseite der „Bildung", behandeln. Denn es scheint in der Tat, als ob die Form, in welcher der sogenannte „Gebildete" seine Weltanschauung sucht und gestaltet, typische Züge aufweise, die sie von der latenten Weltanschauung des Ungebildeten ebenso wie von der kritisch-produktiven des Philosophen scheiden.

Bildung ist zunächst idiozentrisch im Gegensatz zur Wissenschaft. Intellektueller Inhalt wird nicht gewertet und gesucht um seiner selbst willen, sondern um der dadurch erzielbaren Bereicherung und Vertiefung der Persönlichkeit willen. Es findet daher aus dem Bestand denkbaren Wissens eine Auslese statt, bei der ein Gesetz der konzentrisch abgestuften Beziehung obwaltet: je ferner irgend ein Inhalt den leiblichen und seelischen Wesensbedingungen der Persönlichkeit steht, um so kleiner ist auch der Platz, den er in dem Weltbild des Gebildeten beanspruchen darf.

Obgleich die Ereignisse der Vergangenheit, rein theoretisch genommen, eben solches Anrecht auf Beachtung haben, wie die Gegenwart, muß der Gebildete in dieser besser zu Hause sein; denn es ist seine Gegenwart. Er muß ferner mit solchen Vorgängen früherer Epochen, die noch deutliche Ausstrahlungen in seine Zeit entsenden (z. B. mit denen der griechischen Antike) eine engere geistige Fühlung haben, als mit irgend einer anderen Teilerscheinung der Vergangenheit (z. B. der assyrischen). Der gebildete Deutsche muß mit deutscher Landeskunde, Geschichte, Verfassung besser Bescheid wissen als mit spanischer usw.

Eine solche Abstufung um das Zentrum des eigenen Ich herum finden wir nun allerdings auch in der Weltanschauung des Ungebildeten, aber die ganze Konzentrik hört bei ihm viel eher auf. Wird nämlich vom schlichten Menschen des Volkes nur dasjenige in das Gesamtbild aufgenommen, was der natürliche Gang des Schicksals in das Gesichtsfeld rückt, so ist der Gebildete bestrebt, die geistige Reichweite seiner Persönlichkeit bis zu einer gewissen Peripherie auszudehnen, welche durch die jeweilig gegenwärtige Kultur dargestellt wird. Er fühlt sich bewußt als Glied der herrschenden Gesamtkultur, zum mindesten als stets interessierter Zuschauer, oft genug als aktiver Mitspieler. Dies soll natürlich nicht heißen, daß er in der Tat alles irgendwie zum augenblicklichen Kulturstand in Beziehung stehende Wissen beherrschen sollte . . . . das wäre ebenso unmöglich wie unnötig. Vielmehr hat sich gerade hier das Gesetz der Abstufung zu bewähren: bestimmend für den „Bildungswert" irgend eines Wissensbestandteiles ist seine mehr oder minder prinzipielle Bedeutung für die Kultur, in deren Mitte das Individuum steht. Echte Bildung ist gekennzeichnet durch eine Feinfühligkeit für die Abstufungen des Kulturwertes und der Wesentlichkeit bestimmter Wissensinhalte — wir könnten von einem „Wertetakt" sprechen — während ein bedauerlicher moderner Zug der Entwicklung, nämlich die wahllose Ansammlung und Darbietung ganz verschiedenartigen Stoffes in Ausstellungen und Konversationslexizis, in Zeitungen und Wochenblättern, auf der Bühne und im Film, gerade darauf hinarbeitet, diese Empfindlichkeit für das Wertvolle und Wesentliche zu zerstören. „Wertblindheit" ist die Krankheit, die zu der heute grassierenden Halbbildung geführt hat.

Bildung strebt somit nicht das Haben bestimmter Stoffe, sondern das lebendige Verstehen an. Sie braucht z. B. von einer neuen wissenschaftlichen Entdeckung erst dann etwas zu erfahren, wenn diese im Begriffe ist, sich zu einem Kulturelement von Eigenwert zu entwickeln; sie braucht von ihr nur das zu erfahren, was daran mehr als fachwissenschaftlichen, nämlich allgemein kulturellen Wert hat; sie braucht schließlich von ihr nur das zu behalten, was nötig ist, um die Brücke herzustellen zum Verständnis der weiteren von eben jener Anschauung ausgehenden Kulturfolgen: wer dies Verständnis hat, hat Bildung, er mag noch so wenig gedächtnismäßiges Einzelwissen besitzen.

Die „jeweilig gegenwärtige" Kultur, die den Schwerpunkt des Bildungsinhaltes ausmacht, ist aber in ständigem Fortschreiten begriffen; deshalb gehört das Mitfortschreiten, das Flüssigbleiben ebenfalls zum Wesen der Bildung. Nur der ist gebildet, der ständig sich bildend ist. Mag bei einem Menschen noch soviel Wissen, eine noch so große intellektuelle Angepaßtheit an eine früher erlebte Kulturphase vorhanden sein — sobald das Interesse und die Fähigkeit fehlt, neuauftauchende Kulturelemente einzureihen und sein Weltbild entsprechend zu erweitern oder langsam umzubilden, besitzt er keine „Bildung" im wahren Sinne.

Freilich hat ja diese, aller Bildung notwendig anhangende Beziehung zur Aktualität oft genug zu den bösesten Folgen geführt. Denn gerade bei dem Neuen, dem Gegenwärtigen ist die Bewertung der wahren Kulturbedeutung außerordentlich erschwert; statt eine wirklich abgestufte Perspektive um die Gegenwart herum herzustellen, richtet der Mensch das ganze Interesse nur auf dieses Zentrum, und an die Stelle des Bildungstriebes tritt die Neugier und die Sensationssucht: „L'actualité c'est l'ennemi."

Ist durch alles bisher Gesagte die Weltanschauung des Gebildeten wesentlich nach Umfang und Gruppierung des Inhalts bestimmt, so haben wir nun noch nach Ursprung und Gültigkeit dieses Inhalts zu fragen.

Hier liegt der Hauptunterschied zwischen den Weltanschauungen der Bildung und der Philosophie. Denn sowenig jener Bildungsinhalt aus logisch-wissenschaftlichen Motiven hervorgegangen ist, sowenig genügt er auch logisch-wissenschaftlichen Ansprüchen. Dieselben Quellen, aus denen die volkstümliche Weltbetrachtung floß — Überlieferung, Suggestion, Phantasie und gelegentliche, eigene Reflexion —, sind auch für die Weltanschauung des Gebildeten maßgebend; nur nimmt wegen der beträchtlich größeren Weite des Gesichtsfeldes jeder einzelne Faktor andere Dimensionen an; und infolge des gesteigerten Intellekts hat der Faktor des eigenen Nachdenkens einen verhältnismäßig größeren Anteil. Immerhin bleibt seine Weltanschauung reproduktiv und unkritisch. Den Stoff sowie die Gesichtspunkte der Betrachtung empfängt der „Gebildete" wesentlich von außen. Er eignet sie sich entweder durch die geistige Atmosphäre, die er atmet, durch Sitte und Herkommen, Erziehung und Umgang unbewußt an, bis sie zu selbstverständlichen Elementen seines Ich geworden sind — oder er sucht sie sich aus bewußtem Kulturinteresse zu verschaffen, wobei dann die bekannten Bildungsmittel: Lektüre, Vorträge, Museen, Konzerte, Theater, Reisen usw. benutzt werden.

Und nun gar die „Methode" dieses Weltanschauungserwerbs! Wie trübe sind oft die Quellen, aus denen der Gebildete schöpft, wie kritiklos ist sein Annehmen oder auch sein Ablehnen, wie zufällig seine Auslese und wie launisch seine Meinungs- und Stimmungsänderung[1]. So weist die Weltanschauung des Gebildeten notwendig hin auf andere höhere Stufen: weil sie wesentlich unproduktiv ist, auf schöpferische, denen sie den Stoff entnimmt — weil sie nicht logisch verarbeitet ist, auf exakte, die durch Kritik und Forschung hindurchgegangen sind — weil sie in der vorhandenen Kultur ihre Grenze findet, auf umfassendere, welche die Gesamtprinzipien des Wissens und die Vorbereitung der kommenden Kultur zum Gegenstand haben.

All dies zusammen leisten allein die philosophischen Welt- anschauungen, doch haben wir zuvor noch eine etwas abseits vom Wege stehende andere Gruppe zu betrachten.

Die „einseitigen" Weltanschauungen erhalten ihr Gepräge durch das unverhältnismäßige Überwiegen eines einzelnen Inter- essenkreises. Gelegentlich wird diese Vorherrschaft eines Sonder- gebietes so stark, daß alles andere dagegen fast verschwindet. Dann ist von jener harmonischen Abtönung der verschiedenen Kulturwerte in der einzelnen Persönlichkeit, die erst Bildung ermöglicht, keine Rede mehr; die Weltanschauung steht nur unter einer einzigen Kategorie, die alles andere entweder unter sich zwingt oder einfach an sich abgleiten läßt, die mit einer merkwürdigen Unbeirrtheit an der Welt und an den Dingen nur das zu suchen und das zu sehen versteht, was sie angeht.

Sehr oft tritt diese Einseitigkeit z. B. bei Künstlern und bei Ästheten hervor: was ihnen begegnet, erleben sie als ästhetisches Phänomen; jede Frage,

---

[1] Bedarf es erst der Beispiele zu jedem der obigen Punkte? Der Gebildete lernt die Politik fast immer nur aus Zeitungen einer Parteirichtung, also stets in einem einseitigen Lichte kennen. Er übernimmt die popularisierte und oft wie schlecht popularisierte! — Wissenschaft, ohne eine Ahnung von jenen feinen und doch so wichtigen Unterschieden zwischen Notwendigkeit, Tatsächlichkeit, Wahrscheinlichkeit und hypothetischer Möglichkeit der Lehren zu haben, ohne der Tragweite des einzelnen gerecht zu werden, ohne die Beziehungen zu anderen wissenschaftlichen Ergebnissen zu verstehen. Und um nur noch eines zu nennen: die Mode, nicht nur die der Kleidung, ist der Hauptsache nach ein Erzeugnis der Bildung.

die sich einstellt, wird entweder als ästhetisches Problem empfunden, oder aber, als Fremdkörper, gar nicht erst in den Zusammenhang des Auffassens eingereiht. Ja noch weiter geht die Einkapselung; so sieht bekanntlich der Durchschnittsmusiker oft genug nicht einmal über die Grenzen seiner Einzelkunst hinaus. Entsprechendes findet sich auf anderen Gebieten: da ist der einseitige Kaufmann, dem die Welt lediglich als Riesenmarkt und die Dinge nur als Waren erscheinen, der einseitige Fachgelehrte, der um so weniger von dem allen gemeinsamen Firmament sieht, je tiefer er in den Schacht seiner Sonderwissenschaft hineingestiegen ist, der politische, der ethische, der religiöse Fanatiker . . .

All diese Weltanschauungen kann man nicht mehr zur Bildung rechnen, sie dürfen aber im Vergleich zu ihr auch nicht als minderwertig betrachtet werden. Denn gerade ihr Fehler, das Scheuklappentum, bewirkt in anderer Hinsicht Vorzüge, die der harmonischen Bildung versagt sind: nämlich intensive Vertiefung in eine besondere Gruppe von Formen der Welt und Werten des Lebens, und dadurch: neue Anfänge, schöpferische Gestaltung von Inhalten, die selbst wieder der gesamten Bildung bedeutende Bereicherung gewähren können.

Produktiv wie die einseitige Weltanschauung, aber zugleich allseitig und harmonisierend wie die des Gebildeten soll die höchste der Stufen, die philosophische Weltanschauung sein, der wir uns nun zuwenden. Dem Ideal nach müssen in ihr sämtliche Seiten der Geistigkeit zu ihrem Rechte kommen, aber sie alle sollen getragen sein von dem Intellekt. Denn die philosophische Weltanschauung will zwar in ihrer Art ein schöpferisches Kunstwerk, eine vergeistigte Religion, eine ethische Lebensanschauung sein, zugleich aber, als Rahmen und Zusammenhalt für all dies, ein durchgeführtes logisches System, eine kritische Stellungnahme des forschenden Geistes zu allen ihm zugänglichen Dingen und Werten.

2. Die objektive Seite der Weltanschauung.

Das Merkmal des Objektiv-Subjektiven, das dem Begriff der Weltanschauung überhaupt zukam, wird uns bei der Besprechung der philosophischen Weltanschauung zum Einteilungsgrund dienen: wir betrachten zuerst ihre Objekte, sodann ihre Subjekte.

Die Welt aber ist Objekt des Erkennens und des Wertens; so haben wir als die objektiven Momente der philosophischen Weltanschauung die Welttheorie, die Weltwertung und schließlich deren Verknüpfung zu behandeln.

Welttheorie.

Ist auch die absolute Wahrheit dem Menschen verschlossen, so muß ihm doch das Recht erhalten bleiben auf eine philosophische Welttheorie, d. h. auf ein System von Überzeugungen, das den höchsten erreichbaren Zusammenschluß wissenschaftlichen Erkennens und Meinens in einer gegebenen Zeit darstellt. Wie der Mensch selber nicht ein Nebeneinander von Wissensatomen, sondern eine sie zur Einheit zusammenfassende Persönlichkeit ist, so kann er es auch nicht ertragen, die Welt als beziehungsloses Konglomerat unzähliger Weltlein zu nehmen; er muß es versuchen, eine Einheit zu finden.

Bestreitet man dieses Recht der Philosophie, dann bestreitet man das Recht wissenschaftlichen Forschens überhaupt. Denn als Welttheorie betrachtet ist Philosophie nichts anderes als die universalste Form der Wissenschaft. Jede Wissenschaft setzt sich die Aufgabe, in ihrem aus der Gesamtwirklichkeit herausgeschnittenen Sonderkreise zwischen den einzelnen Erscheinungen widerspruchslose Zusammenhänge zu stiften. Aber diese Sonderkreise haben sehr verschiedene Weite; und darum müssen sich, schon selbst innerhalb der Spezialwissenschaften, die Synthesen auf verschiedenen Stufen immer von neuem wiederholen.

Ein beliebiges Beispiel veranschauliche dies. Die Ornithologie sucht die innerhalb der Vogelwelt sich darbietenden Erfahrungstatsachen zu übersehen, zu ordnen und in ihren Gesetzmäßigkeiten festzulegen, ohne sich um anderes zu kümmern. Die Zoologie muß das dort Gefundene in Zusammenhang bringen mit Erkenntnissen, die bei anderen Tierklassen erarbeitet worden sind. Die Biologie erweitert den Kreis auf alles Lebendige, auf Tier, Mensch und Pflanze; sie darf z. B., wenn die Zoologie zu einer Auffassung des Lebensbegriffes gekommen ist, die der Auffassung des Botanikers widerspricht, nicht eher ruhen, als bis sie eine Fassung des

Begriffs gefunden, welche die Anschauungen beider Unterkreise widerspruchslos vereint. Die allgemeine Naturwissenschaft endlich — man kann sie schon füglich Naturphilosophie nennen — muß der Tatsache gerecht werden, daß organische und anorganische Welt fortwährend in Wechselwirkung, in Kraft- und Stoffaustausch stehen, und hat nun wieder die Denkkategorien, welche beiden großen Sphären zukommen: z. B. Materie, Kraft, Kausalität so zu formulieren, daß die Naturwelt als Gesamtphänomen Zusammenhang und innere Einstimmigkeit erhält.

Und sollte hier plötzlich die Synthese des Wissens stocken? Sollten wir nun nicht auch das Verlangen haben dürfen, alle Anschauungen über die Naturwelt wieder mit jenen in Verbindung zu bringen, welche die Wissenschaften des Geistes und der Kultur aus ihren Methoden heraus geschaffen haben? Sollte das Spezialistentum, das bei dem bisher geschilderten Fortgange jedesmal nur als provisorisch galt, hier plötzlich verewigt werden? Sicherlich nicht! Wir müssen auch die höchste Synthese wagen, sonst müßten alle jene früheren sinnlos erscheinen. Denn der Umkreis jeder Einzelwissenschaft ist eine nur künstlich isolierte Teilwelt, die in Wirklichkeit mit zahllosen Fäden an der ganzen Welt hängt; und die dort gefundenen Überzeugungen erhalten erst ihre endgültige Daseinsberechtigung, wenn sie bei dieser Einreihung in die höchste Zusammenfassung nicht ad absurdum geführt werden.

Die wissenschaftlichen Auffassungen, die der Theologe einerseits, der Physiologe andererseits von der menschlichen Seele hat, sind völlig verschiedenartig und zunächst unvereinbar: ist hier nicht ein Schiedsgericht möglich? Läßt sich nicht die Unzulänglichkeit des einen oder des anderen Seelenbegriffs oder beider nachweisen und ein Ausgleich herstellen? Das sind Fragen, auf die eine Antwort weder von der Warte der theologischen noch von der der physiologischen Spezialwissenschaft erblickt werden kann; man muß eine Vogelperspektive zu gewinnen suchen, welche beide Gebiete zugleich und in ihrer gegenseitigen Beziehung zu überschauen gestattet, d. h. man muß die Frage philosophisch behandeln.

Solche Beispiele lassen sich häufen. Wie so ganz anders sieht der Begriff der Ursache beim Physiker und beim Juristen, der des

Zweckes beim Biologen und beim Ethiker aus; wie verschiedenartig werden die in der Welt sich abspielenden Veränderungen von dem Geschichtsforscher und dem Chemiker aufgefaßt; welche Kluft gähnt zwischen dem „Arbeits"-Begriff des Nationalökonomen und dem des Physikers, zwischen der Raumauffassung des Mathematikers und der des Psychologen — und doch ist es dieselbe eine Welt, welcher Ursächlichkeit und Zweckhaftigkeit, Geschehen, Arbeit und Raum angehören. So erheischt denn der Fugenbau der Einzelwissenschaften ein philosophisches Weltbild zugleich als vereinheitlichenden Grundriß und verbindende Krönung des Gebäudes; und die Einsicht, daß man nicht für die Ewigkeit bauen kann, ändert nichts an der zeitlichen Unentbehrlichkeit jenes Gesamtbildes. Universalhypothesen sind als jeweilig letzte Zusammenfassungen für die Gesamtheit der Wissenschaft ebenso nötig, wie irgend welche spezialwissenschaftlichen Hypothesen es für Einzelfragen sind; und sowenig die Spezialforschung der Hypothese als methodischen Hilfsmittels deswegen entraten darf, weil sie durch etwaige neue Einsichten künftig überholt oder widerlegt werden könnte, sowenig vermag — im großen und allgemeinen — Wissenschaft auf die letzten Synthesen darum zu verzichten, weil eine künftige Zeit mit fortgeschrittenem Wissen eine Revision oder auch Umgestaltung des theoretischen Weltbildes wird vornehmen müssen.

Ja, noch mehr! Der Wert einer philosophischen Welttheorie überdauert sogar noch die Zeit ihrer Geltung. Denn was sie brachte, war niemals nur falsch! Sie eröffnete neue Weiten, sie schuf neue Begriffskategorien, durch welche die Wirklichkeit von früher unbeachteten Seiten her gefaßt werden konnte, sie verband früher Getrenntes — und so dient sie dann noch, wenn sie als Ganzes überwunden und überholt ist, weiterem Forschen und Denken zum Hilfsmittel des Fortschritts.

In der Tat, die Geschichte der philosophischen Welttheorien ist doch etwas anderes als nur eine Chronik menschlicher Denkirrungen, zu der verständnislose Gegner sie machen wollten. Die Philosophie muß sich zwar immer wieder von neuem die Welt gedanklich erobern; aber jedesmal ist es eine umfassendere Welt, die sie ihrerseits zu umfassen sucht; denn von Mal zu Mal findet sie sich einem unendlich vermehrten Material von empirischen Kennt-

nissen und spekulativen Vermutungen, von Fragestellungen und Be-
trachtungsstandpunkten gegenüber, die bewältigt werden müssen;
jedesmal aber steht ihr auch schon die verdichtete Vorarbeit früherer
Epochen zur Verfügung, welche sie als Momente in sich aufnehmen
kann.

Als höchste Synthese aller Einzelwissenschaften steht die Philosophie diesen nicht nur empfangend, sondern auch gebend
gegenüber. Denn aus ihrer verknüpfenden und läuternden Denkarbeit
gehen Begriffe und Hypothesen, Wertungen und Klassifikationen oft
von Grund aus umgewandelt hervor und gewähren nun den
Sonderwissenschaften neue Denkweisen und Aufgaben. Der moderne
Begriff der strengen Naturkausalität ist den Naturwissenschaften zum
großen Teil von der Philosophie vorbereitet worden; die Rolle, die der
Entwicklungsgedanke heute in ganz verschiedenartigen Natur- und
Geisteswissenschaften spielt, wurde nur dadurch möglich, daß — in
Wechselwirkung mit den biologischen und historischen
Einzelforschungen — die philosophische Erweiterung des Begriffs
durch Hegel und Schelling, Spencer und Häckel fortwährend am
Werke war.

Die gleiche rege Wechselwirkung von Nehmen und Geben
besteht nun aber auch in methodischer Beziehung zwischen der
Philosophie und den Spezialgebieten; Philosophie hat nämlich auch
die allgemeine wissenschaftliche Funktion der Methodenkritik in
oberster Instanz zu verwalten. Wenn sie die Ergebnisse der
Wissenschaft zur Begutachtung übernimmt, prüft sie nicht nur ihren
Inhalt, sondern auch das Ursprungszeugnis. Denn nur dann läßt sich
eine Entscheidung im Kampfe der Welthypothesen treffen, wenn man
untersucht, woher diese ihren Anspruch auf Gültigkeit nehmen.
Tragweite und Erkenntniswert der einzelwissenschaftlichen Methoden
unterliegen eben manchen allgemeinen Bedingungen, über welche die
Sondergebiete selbst mit ihrer notwendig beschränkteren Sehweite
kein endgültiges Urteil zu fällen vermögen. Deshalb muß geprüft
werden, inwieweit und in welcher Weise Empirie, diskursives Denken
und Intuition an der wissenschaftlichen Arbeit Anteil haben, welche
Rolle Beschreibung und Erklärung, Hypothese und Wahrscheinlichkeit
spielen, welche Leistungsfähig-

keit der Induktion, dem Experiment, der mathematischen Berechnung innewohne usw.

Letzten Endes aber muß die Philosophie diese Untersuchungen über die Methodik der Einzelwissenschaften aufbauen auf einer allgemeinsten Fundamentaluntersuchung, die ihrem eigenen Machtbereich, den Voraussetzungen jeder wissenschaftlichen Erkenntnis überhaupt gilt: sie muß sich auf Erkenntnistheorie gründen.

Welttheorie und Erkenntnistheorie — man meint oft, diese beiden Richtungen der Philosophie schlössen sich gegenseitig aus. Nichts ist falscher, ja gefährlicher als diese Meinung. Zutreffend ist sie nur für den seltenen Spezialfall einer nihilistischen Erkenntnistheorie, welche — wie etwa die Sophistik — jeden Unterschied zwischen Wissen und Laune, zwischen Erkenntnis und Illusion schlechthin aufhebt. Dann freilich hört nicht nur die Welttheorie, sondern überhaupt jede wissenschaftliche Forschung auf. Für alle anderen Standpunkte aber ist die Erkenntnistheorie nicht der Ersatz, sondern nur die Vorbereitung der Welttheorie. Mag auch die Erkenntnistheorie das Wissen hinstellen als subjektiv bedingt, als nur Erscheinungen gebend, mag sie nun „phänomenalistisch" oder „positivistisch" oder „empiriokritisch" oder „immanent" sein — sobald sie eine irgendwie definierte Berechtigung theoretischer Überzeugungen anerkennt, entsteht auch die Forderung nach einer höchsten Synthese dieser Überzeugungen, also einer inhaltlich bestimmten Welttheorie.

All dies muß besonders hervorgehoben werden, weil man so oft der lähmenden Anschauung begegnet, seit Kant könne Philosophie überhaupt nur noch Erkenntnistheorie sein. Man denkt immer nur an die Gegensätzlichkeit zwischen Erkenntnistheorie und absoluter Metaphysik, und glaubt, mit der Niederwerfung dieser jedweden Versuch, sich über die Wesensbestimmtheit der Welt eine theoretische Überzeugung zu bilden, abgeschnitten zu haben. Wäre dies wahr — dann wäre über die menschliche Geisteskultur niemals ein größeres Unglück gekommen als die Erkenntnistheorie. Aber es ist nicht so. Wie unentbehrliche Dienste sie in ihrem Richter- und Wächteramt leisten mag, sie ist nicht berufen, das Herrscheramt zu führen; denn auf dem Throne sitzen kann nur das Schaffende.

So können wir die philosophische Weltanschauung nach der Seite der Welttheorie hin durch drei Merkmale kennzeichnen: Bewußtheit, Universalitätsstreben, Kritizismus.

Sie ist bewußt, das Erzeugnis absichtlichen Schaffens. Auch der Nichtphilosoph hat ja eine Weltanschauung; aber er pflegt nicht noch einmal mit der Reflexion über ihr Vorhandensein zu quittieren. Sie ist da und wirkt als Bewußtseinshintergrund; sie wird aber meist nicht zum gesonderten Bewußtseinsmittelpunkt. Sobald dies eintritt, so „philosophiert" man — und wer hätte in diesem Sinne nicht schon gelegentlich philosophiert? Ganz anders aber der eigentliche Philosoph. Das bewußte Streben, eine Weltanschauung zu gestalten, ist ihm Leitmotiv seines Tuns, ja ist ihm Lebensaufgabe, Sinn des Daseins. Er leidet an diesem Problem, wie nur ein Mensch an einem Sehnsuchtsziel leiden kann. Neue Seiten des Daseins, die sich ihm auftun, lassen ihm nicht Ruhe, als bis sie sich zu einer theoretischen Einsicht verdichtet und ihren Platz im Bilde erhalten haben. Durch diese bewußte Zuspitzung des Denkens auf das Ziel „Weltanschauung" kann in der philosophischen Arbeit eine Energie zur Auslösung kommen, die sich in Licht und Wärme für das gesamte Geistesleben zu verwandeln vermag.

Die philosophische Welttheorie strebt ferner nach Universalität. Sie soll dem Ideal nach so beschaffen sein, daß sich das Ganze des vorhandenen Wissens in sie einordnen läßt. Es kann natürlich nicht jede letzte Einzelheit der Wissenselemente einer Zeit aktuell in der Welttheorie enthalten sein; aber diese soll doch — potentiell — die Voraussetzungen und Handhaben dazu bieten, welche zur etwaigen Bewältigung jener Einzelheiten nötig und hinreichend sind. Sie soll nur eine Synthese der Prinzipien, aber eine Synthese aller Prinzipien sein. Eine Weltanschauung, deren Rahmen wesentliche Tatbestände der Welt ausschließt, ist keine eigentlich philosophische mehr; eine Weltanschauung, aus der wesentliche Hypothesen irgend einer Wissenschaft herausfallen, ist nur dann eine philosophische, wenn sie den Weg weist zu einem Ersatz der Hypothesen durch andere oder durch positive Erklärungen. Es ist eine ungeheure Anforderung, die hier an die philosophische Welttheorie gestellt wird, und sie ist objektiv genommen niemals erreicht worden. Aber die Absicht der Universalität zum mindesten war da. Ein Aristoteles, ein Spinoza, ein Hegel, sie haben in der Tat geglaubt, daß ihre Welttheorien Netze seien, die nichts, was überhaupt im Gesichts- und Wissenskreise ihrer Zeiten lag, entschlüpfen ließen.

Endlich: die philosophische Welttheorie ist kritisch: d. h. kein einzelner Bestandteil wird hingenommen, ohne daß seine Berechtigung geprüft worden wäre; die Prüfungsordnung aber und die Bedingungen der Zulassung werden vom Philosophen aus eigener Machtvollkommenheit festgestellt. Die Kriterien hierfür sind bei verschiedenen Denkern verschieden genug: Vernunftgemäßheit, sinnliche Wahrnehmbarkeit, intellektuelle Anschauung, consensus omnium, Offenbarung und manches andere wurde zum Maßstab der Wahrheit gemacht — übereinstimmend bleibt aber doch immer, daß der Philosoph sich selbst als Gesetzgeber zugleich und Gesetzesanwender fühlt.

Weltbewertung.

Der erkennenden Funktion des Menschen, welche die Welttheorie erzeugt, steht das Werten als eine besondere Geistesfunktion gegenüber, die ebenfalls den Anspruch erhebt, an der Weltanschauung mitzuwirken. Denn sie will die „Lebensanschauung" des Menschen begründen.

Wenn man die verschiedenen Rollen betrachtet, die etwa die Begriffe der Natur im Mittelalter und in der Gegenwart, die Begriffe der Einzelpersönlichkeit bei Leibniz und bei Spinoza, die Begriffe der Gleichheit bei Individualisten und Sozialisten, die Gottesbegriffe bei Theisten und Atheisten spielen, so bemerkt man sofort, daß jede dieser Scheidungen etwas anderes darstellt als eine bloße Differenz der theoretischen Überzeugungen. Nicht um das Sein und Sosein der Dinge handelt es sich mehr, sondern um ihre Bedeutung im Ganzen alles Existierenden, um ihre Stellung in einer Hierarchie von Werten.

Diese Funktion des Wertens zeigt trotz aller Selbständigkeit deutliche Analogien zum Erkennen. Beides ist ein Objektivieren seelischer Phänomene. Bei der Erkenntnis werden gewisse theoretische Inhalte des Bewußtseins, bei der Wertung gewisse Gefühle in die Objekte als deren Eigenschaften und Relationen hineinverlegt. Hier wie dort bemerkt zwar eine fortgeschrittene Kritik den subjektiven Anteil und kann darauf Zweifel gründen an der absoluten metaphysischen Gültigkeit jener Objektivation; aber hier wie dort vermag doch diese Kritik niemals den Zwang zur Objektivation selbst aufzuheben; nach wie vor gehört es zum Wesen des Menschen, zur Welt alternativ Stellung zu nehmen — erkennend unter dem Gesichtspunkt wahr und falsch, wertend unter dem Gesichtspunkt gut und schlecht —, und diese Stellungnahmen bis zur höchsten möglichen Synthese fortzuführen.

Daß das Werten eine dem Erkennen durchaus ebenbürtige geistige Funktion sei, ist nicht immer mit genügender Klarheit eingesehen worden. Freilich, manche Philosophen — so Platon, Leibniz, Fichte — haben mit vollem Bewußtsein die Welt als ein unermeßlich abgestuftes Wertsystem begreifen wollen. Oft aber fehlte auch diese bewußte Absicht. Man meinte auf dem Wege kühl-nüchterner Erkenntnis das Ganze des Weltproblems erschöpfen zu können und sah womöglich gerade in der Aufhebung aller Rangunterschiede und Wertbeziehungen die Vorbedingung eigentlich wissenschaftlicher Philosophie. Allein diese Lehrmeinungen wurden fast immer durch die Taten der Philosophen selbst Lügen gestraft. Derselbe Spinoza, der das All restlos in die um Gut und Böse, Billigung und Mißbilligung völlig unbekümmerten Gesetze der mathematischen Logik pressen möchte, der die Handlungen des Menschen wie indifferente geometrische Gebilde analysieren will — derselbe Spinoza nennt sein ganzes System Ethik nach jenem Schlußstein, in dem er mit sehr untheoretischer Mystik als einzig wertvolles Lebensideal das Aufgehen in der Gottheit preist!

Alle jene Hauptbenennungen, nach denen sich in der Philosophie die Geister trennen: Idealismus und Materialismus, Optimismus und Pessimismus, Monismus und Dualismus usw., sie scheinen auf theoretische Anschauungen zu gehen und sind dennoch letzten Endes hergenommen von Wertungen. Ein Werten ist es, wenn Plato die Idee als das wahrhaft Seiende, die Materie als das negative, ja böse Prinzip, und die Dinge nur als schwankende Halbheiten zwischen beiden ansieht; — und wenn später die christliche Philosophie zwischen sinnlicher und übersinnlicher Welt eine ähnliche Rangabstufung vornimmt. — Wenn Kant für Gott, Freiheit und Unsterblichkeit „praktische" und damit eine höhere, gleichsam realere Realität beansprucht als für die Erkenntniselemente der Erfahrungswelt, und wenn er den Satz ausspricht: daß die Dinge einen Preis, der Mensch aber eine Würde habe — so wird gewertet und nicht erkannt. Ja selbst ein Hauptbegriff der scheinbar so objektiv nüchternen modernen Naturphilosophie, der der „Entwicklung", ist durch und durch ein Wertbegriff. Man halte ihn nur gegen den in der Tat wertfremden Begriff der „Veränderung", so sieht man, daß Entwicklung gerade durch die Wertsteigerung charakterisiert ist.

Jede Aufstellung von Zwecken und Zielen, Normen und Idealen, jede Alternative von Gut und Böse, Schön und Häßlich bedeutet ein Werten; und wo ist die Philosophie, die nicht allenthalben von solchen Tendenzen durchsetzt wäre? Das aber ist nicht ein Mangel, sondern gehört geradezu zum Wesen der philosophischen Weltauffassung; denn eine wertfremde Welt wäre eine wertlose Welt. Der Philosoph soll sich also nicht seine Aufgabe künstlich vereinfachen, indem er von der Wertseite der Welt absieht, sondern er soll sich heranwagen an die große Aufgabe und sie bewußt, universell und kritisch behandeln.

Wir fordern also für die philosophische Weltbewertung, daß sie dieselben Merkmale besitze, die wir auch für die philosophische Welttheorie bezeichnend fanden.

Freilich, das erste dieser Merkmale ist, wie wir schon oben sahen, nicht immer verwirklicht. Zuweilen fehlt dem Philosophen das Bewußtsein, daß er wertet und daß er werten will und soll; es wird dann sein Philosophieren zu einem Werten wider Willen. Sicherlich aber bedeutet das Vorhandensein des Wertungsbewußtseins einen Vorzug in der philosophischen Weltanschauung; denn sobald auch diese Seite der Gedankenschöpfung mit Absicht und Überlegung gepflegt wird, dann ist zu hoffen, daß die beiden anderen an das philosophische Werten zu stellenden Anforderungen, Universalität und Kritik, um so eher erfüllt werden können.

Allumfassend soll das System der Wertungen sein, derart,

daß sich das Ganze der Welt einer großen Rangordnung der Werte füge. Der unphilosophische Kopf wertet von Fall zu Fall, oder er hat vereinzelte Wertprinzipien, denen alles untergeordnet wird: man denke an den Chauvinisten, an den Ästheten, an den Parteimann in irgend einer Sache; wenig kümmert er sich darum, welche Rolle diese seine Werte im Ganzen der Menschheit oder gar des Alls spielen, und wie sie sich mit andern — gleichgeordneten, niederen, höheren — Werten vertragen. So gibt es in der Welt zahllose Wertungs-Systeme und -Systemchen; jedes Volk, jeder Stand, jede Gruppe, jedes Fach, ja schließlich jeder Mensch hat das seine. Sie zersplittern sich zu kleinen Einseitigkeiten, zu Engherzigkeiten und Fanatismen, die zusammenhanglos nebeneinander stehen oder feindselig aufeinander prallen. Sie verdichten sich andererseits zu großen Kulturwirksamkeiten: Religion, Wissenschaft, Moral, Kunst, die schon sehr umfassende Wertsysteme darstellen. In jedem von ihnen gibt es Wertgegensätze und Wertstufen; und in jedem gipfelt die Rangordnung in einem höchsten Werte: in der religiösen Heiligung, der logischen Vernünftigkeit, der sittlichen Vollkommenheit, der reinen Schönheit. — Aber all dies sind doch nur Teilgebiete und Teilsynthesen; und wieder verlangt es den Menschen nach einem letzten Zusammenschluß und einer allumfassenden Rangordnung, denn jene nebeneinander herlaufenden oder sich durchkreuzenden Werte gehören doch einer Welt an. Das gefühlsmäßige Sehnen nach einer solchen höchsten Wertkulmination — „nenn's Glück, Herz, Liebe, Gott" — findet in der Religiosität seine Befriedigung; wo jenes Bedürfnis aber nach begrifflichem Ausdruck sucht, und wo es vor allem das lückenlose System der Werte synthetisch zu umfassen strebt, da führt es zur Philosophie. Auch hier trägt jenes Letzte, Endgültige sehr verschiedene Namen: Gott, Substanz, das Absolute, das Ideal, die Menschheit, die Persönlichkeit, Natur, Universum, Materie, Energie, Weltgeist, Weltkraft — womit ebensoviel grundverschiedene Wertungsweisen und damit grundverschiedene Weltanschauungen gekennzeichnet sind. Aber jedesmal wird dann der Versuch gemacht, all dem, was uns an spezielleren Werten im Dasein begegnet, seinen Platz anzuweisen unter jenem höchsten Wert — wobei es denn oft zu weitgehenden „Umwertungen" der Werte kommt.

Endlich: kritisch muß die Weltbewertung sein, soll sie eine philosophische heißen. Es genügt nicht, das hierarchische System der Werte aufzustellen, man muß es auch rechtfertigen. Dazu bedarf es, ebenso wie in der theoretischen Erkenntnis, eines Kriteriums, von dem die Anerkennung der Wertgeltung abhängig gemacht wird. Und auch bezüglich der Wahl und Anwendung dieses Kriteriums läßt sich für das Wertsystem Entsprechendes sagen wie für die Welttheorie: „Die Prüfungsordnung und die Bedingungen der Zulassung werden von dem Philosophen aus eigener Machvollkommenheit selber festgestellt. Die Kriterien sind verschieden genug, gleich bleibt sich aber doch immer, daß der Philosoph sich als Gesetzgeber zugleich und Gesetzesanwender fühlt." Man bedenke etwa, welch verschiedene Stellung irgend eine bestimmte Wertkategorie (z. B. die der ästhetischen Werte) erhält, wenn man sie dem einen oder dem andern der folgenden Wertkriterien unterstellt: Vernunftgemäßheit, Naturgemäßheit, Sittlichkeit, Seelenheil, Glücksförderung, Nützlichkeit. Alle diese aber und noch manche andere sind tatsächlich aufgestellt worden.

So sind wir zu zwei umfassenden Synthesen gekommen: der Welttheorie und dem Wertsystem. Wie sie sich zueinander verhalten, und ob sie sich einer letzten und höchsten Synthese fügen — das ist erst das eigentliche Grundproblem alles Weltanschauungsstrebens.

Die Vereinigung von Weltbild und Wertsystem.

Erkennen und Werten sind zwar sehr verschiedene, aber nicht völlig voneinander isolierbare Funktionen menschlichen Geisteslebens; sie stehen vielmehr in allerinnigstem Zusammenhange, und die Philosophie hat daher die Aufgabe, ihre Wechselwirkung nach allen Seiten hin umfassend zu regeln. Eine Wechselwirkung ist es in der Tat — nicht etwa nur, wie man oft allzu intellektualistisch meinte, die einseitige Wirkung des Erkennens auf das Werten.

Freilich drängt sich diese zunächst auf. Die Bewertungen der Dinge hängen nun einmal, wenigstens zum Teil, ab von den Überzeugungen über die Dinge: die unphilosophischen Werthaltungen von den unphilosophischen, d. h. unkritischen, hergebrachten oder launenhaften Meinungen, die philosophischen Wertungen aber von den philosophischen, d. h. kritisch geprüften, logisch begründeten Einsichten der Welttheorie.

So hat hier die Philosophie zunächst die Aufgabe stetiger Wert-Eichung: jede neue bedeutsame Entdeckung und Hypothese der Einzelwissenschaften, jedes neue Ergebnis der theoretisch philosophischen Synthese, jede große Wendung in der Geschichte der Menschheit muß auf die Einwirkung hin geprüft werden, die sie auf das System der Wertungen auszuüben vermag.

Ein Beispiel: die Kopernikanische Entdeckung wurde vom Entdecker selbst nur als astronomische Angelegenheit betrachtet. Der Philosoph Giordano Bruno zog die Folgerungen daraus für die Welttheorie, indem er die Lehre von der Unendlichkeit des Universums aufstellte, und für die Weltbewertung, indem er der unermeßlich gewordenen diesseitigen Welt für Jenseitswerte keinen Raum mehr ließ.

Damit sich nicht Gesetz und Recht (das sind Wertungen) wie eine ewige Krankheit forterben, ist in der Tat eine fortwährende Revision notwendig, um das Recht, das sich mit uns entwickelt, d. h. das sich aus dem Fortschritt des Geistes- und Erkenntnislebens ergibt, zur Geltung zu bringen. Andererseits: indem das Wissen immer mehr historisch wird, indem es die Notwendigkeit jeder geschichtlichen Phase an ihrer Stelle, sowie ihre Bedeutung für die folgenden Stufen einsieht, kann die philosophische Wert-Eichung so manche selbstherrliche Überschätzung moderner Werte und die unverdiente Nichtachtung früherer Werthaltungen zum Ausgleich bringen. Die Aufklärungsepoche des 18. Jahrhunderts hatte noch alles, was der Vergangenheit angehörte, als eitel Trug und Dummheit, ihre eigenen Überzeugungen als reine Weisheit und Wahrheit angesehen; erst der philosophische Historismus des 19. Jahrhunderts hat auf allen Gebieten der Kultur überhaupt erst geschichtlich würdigen und werten gelehrt und daher unsere Unterschiedsempfindlichkeit für Wertabstufungen geschärft. — So wirkt die Wertkritik der philosophischen Erkenntnis bald umgestaltend, ja revolutionierend, bald ausgleichend und erhaltend auf das System der Werte.

Doch nun das Gegenbild. Die Erkenntnis ist nicht nur der spendende, das Wertungsgebiet der empfangende Teil im Verhältnis beider, sondern auch das Umgekehrte findet statt, ja ist von noch größerer grundsätzlicher Bedeutung. Man könnte — in Abwandlung einer Schopenhauerschen Formel — geradezu vom Primat des Wertens über den Intellekt sprechen. Diese These, die den reinen Intellektualismus in der Weltanschauung bestreitet, verlangt wohl, durch einige Proben belegt zu werden.

Schon die Auswahl des Erkenntnisstoffes wird durch Wertgesichtspunkte bestimmt; da wir aus der unendlichen Fülle des Erkenntnismöglichen nur einen engbegrenzten Ausschnitt zu bewältigen vermögen, so wenden wir uns vor allem der Bearbeitung derjenigen Probleme zu, welche sich auf wertvolle Seiten der Welt beziehen und von deren Lösungen wir wertvolle Aufklärungen erwarten. — Noch mehr aber bestätigen die Lösungsversuche selbst den Wertprimat. Man glaube doch nicht, daß ein wissenschaftliches Gedankenergebnis einem maschinenmäßigen Zwange seinen Ursprung verdanke, dergestalt, daß es eindeutig festgelegt sei, sobald einmal die Elemente des Wissens gegeben sind. Vielmehr ist das Erkennen — und vor allem das philosophische Erkennen als Synthese höchster Instanz — eine mehrdeutige Funktion, die ihre Determination zur Eindeutigkeit von anderswoher (nämlich von Wertungen) erhalten muß.

A und B seien Erkenntnisinhalte, zu denen ich schrittweise gelangt bin, und die ich nun philosophisch zu einer letzten Verknüpfung bringen will. Ich suche eine Kategorie für diese Vereinheitlichung. Vielleicht wähle ich als solche C und sage: sowohl A wie B ist auf C zurückführbar. Oder aber ich lasse A selbst als Fundamentales, Letztes gelten und führe B auf A zurück. Oder auch umgekehrt. Welche Kategorie ich aber als Erklärungsprinzip, welche als erklärungsbedürftig auffasse, das hängt nicht wieder von theoretischen Momenten, sondern von Wertungen ab. Denn alles Fragen geht letzthin auf eine Antwort, bei der man sich beruhigen kann, alles Verständlichmachen muß schließlich auf etwas hinführen, was als selbstverständlich gilt. Dieser feste Nagel aber, welcher die Vorbedingung dafür ist, daß die Kette der Theorie von irgendwoher sich abrollt, kann durch Theorie selbst nicht erst gefunden werden; er ist vortheoretisch und damit zugleich übertheoretisch. Er verdankt seine Annahme einem Akt der grundlosen Position und Anerkenntnis, nicht aber der Erkenntnis. Ohne Axiome keine Theoreme — ἀξιοῦν aber heißt „Werten".

Bei diesen Urwertungen hört wegen ihrer Erhabenheit über Begründung und Beweis auch die Möglichkeit auf, sie als verbindlich den anderen aufzuzwingen. Dieser beruhigt sich, wenn er alles auf Gott, jener, wenn er alles auf Naturgesetze zurückgeführt hat. Einem Heraklit erschien von den beiden Hauptzuständen der Welt (Werden und Sein) die Veränderlichkeit als das Urgegebene, und die Beharrung erst erklärt, nachdem sie (als Gleichgewichtszustand einer Bewegung) auf jene zurückgeführt war; die Eleaten werteten umgekehrt. Für den Idealisten ist das Geistige dogmatisch und das Stoffliche problematisch, für den Materialisten umgekehrt. Der Mechanist leitet den Zweck aus dem Zwange, der Teleologe den Zwang aus dem Zweck ab.

Ähnlich steht es auch mit dem obersten Formalprinzip der philosophischen Methode. Hier tritt, so sahen wir, der Philosoph als Gesetzgeber für seine eigene Gesetzesanwendung auf. Womit aber rechtfertigt er diese Prinzipien, die er als Fundamentalmaßstäbe an alles anlegt? Etwa damit, daß er sie für richtig erkannte? Das wäre ein circulus vitiosus. Nein, die Prinzipien stellen sich dem Philosophen als schlechthinnige, nicht weiterer Begründung bedürftige und fähige Werte dar, aus denen erst alle einzelnen Erkenntnis- und Lebensnormen ihr Recht schöpfen. Dem Rationalisten gilt Übereinstimmung mit der Vernunft und Ursprung aus der Vernunft als unbedingter Maßstab der Wahrheit. Fragen wir „warum"?, so ist darauf keine theoretische Antwort mehr möglich, sondern eben nur diese: weil ihm die Vernunft schlechthinnigen und höchsten Erkenntnis-„Wert" hat. Ebenso im Ethischen: für den Eudämonisten ist die Glücksförderung der letzte Maßstab zur Beurteilung der Lebensziele und Willenshandlungen — warum? Weil ihm das Glück schlechthinniger Daseins-Wert ist. Im Anfang ist der Wert.

Indes die volle Suprematie des Wertprinzips kommt erst in einer Erscheinung zum Ausdruck, die bereits an der Grenze eigentlicher Philosophie steht: in der Emanzipation des Wertens vom Erkennen.

Es gibt Wertungen, die dem Menschen so Luft und Licht seines Daseins, so tief eingewurzelt und unentbehrlich sind, daß er sich an sie klammert und sie bewahrt — trotz aller widersprechenden Erkenntnis. Und wenn er vor die Entscheidung gestellt wird, entweder die Erkenntnis oder jene Werte zu verwerfen, dann entscheidet er sich zu dem ersten: „Credo, quamquam absurdum!" Ja, wenn jene Wertung den Menschen ganz erfüllt und ihm dagegen die wertfremde Erkenntnis flach und nichtig erscheint, nicht nur als Hemmnis, sondern geradezu als verzerrtes Gegenspiel der wahren Bedeutsamkeit des Daseins, dann kommt er gar zu einem furchtbaren „Credo, quia absurdum"[1].

Selbst abgesehen von solch extremen Formen begegnet uns die Emanzipation des Wertens vom Erkennen oft genug. Es werden dann der Wirksamkeit und Gültigkeit des Erkennens enge Grenzen gezogen, darüber hinaus aber noch Überzeugungen anerkannt, die ihre Begründung lediglich in atheoretischen Wertungen haben sollen. Jene Lehre des ausgehenden Mittelalters, die eine „doppelte Wahrheit", eine philosophische und eine davon unabhängige theologische, annahm, ist ein Beispiel hierfür. Der Hauptvertreter dieser Anschauung aber ist Kant. Nach ihm sind die Überzeugungen von Gott, Freiheit, Unsterblichkeit ebenso unbeweisbar wie unabweisbar, sie sind für die menschliche Persönlichkeit Forderungswerte von solcher Unmittelbarkeit, daß sie die Gewähr für ihre Realität in sich selber tragen, obwohl die theoretische Erkenntnis über sie zu gar keinem, oder gar — beim Freiheitsproblem — zum entgegengesetzten Ergebnis kommt.

Zur Philosophie gehört dies Sich-Hinwegsetzen des Wertens über das Erkennen nur noch insofern, als ein erkenntnistheoretisches Schiedsgericht die Grenzstreitigkeiten der beiden Funktionen zugunsten des Wertens entscheidet. Die positive Weltanschauung selbst aber, die daraus entspringt, kann eine ethische

---

[1] Bezeichnend ist es, daß von diesen beiden Sätzen nur der erste eine Umkehrung denkbar erscheinen läßt, der zweite aber nicht. „Ich halte das theoretische Gedankensystem fest, obgleich es den Wertungen widerspricht" — der Satz ist oft gesprochen worden; dagegen ist es niemandem eingefallen, zu sprechen: „die Richtigkeit des Gedankensystems ist mir dadurch verbürgt, daß es den Wertungen widerspricht."

oder ästhetische oder religiöse sein; zur philosophischen fehlt ihr jenes Hauptmerkmal, die letzte und allerhöchste S y n t h e s e von Welttheorie und Weltwertung darzustellen.

Als A n t r i e b dagegen zur Gestaltung neuer philosophischer Weltanschauungen besitzt jene Unvereinbarkeit von wertfeindlicher Theorie und theoriefeindlicher Wertung unermeßliche Bedeutung. Die Feststellung, daß hier eine Kluft gähnt, rüttelt die Geister zu neuer Arbeit auf, die nicht eher ruht, als bis die Welt der Denkbarkeiten und die Welt der Rangordnungen sich wieder als e i n e Welt erfassen läßt. Auf das „Credo, quia absurdum" des angehenden Mittelalters mußte daher die Scholastik folgen, auf die „zwiefache Wahrheit" des ausgehenden Mittelalters die großen Systeme der beginnenden Neuzeit, auf Kant ein Hegel und Schopenhauer. Nach beiden möglichen Richtungen hin geht dann eine solche energische Philosophenarbeit: entweder wird gesucht, die Wertungen zu reformieren, damit sie der Theorie sich fügen: wir sahen schon oben, daß dies häufig gelingt, daß aber gerade die fundamentalsten Wertungen sich oft stärker zeigen und trotz ihres widertheoretischen Charakters ihre Unerschütterlichkeit bewahren. Dann muß der andere Versuch beginnen, die Erkenntnis den Wertungen anzupassen, d. h.: d a s t h e o r e t i s c h e W e l t b i l d s o z u g e s t a l t e n , d a ß d a r i n d i e F u n d a m e n t a l w e r t u n g e n z u i h r e m R e c h t e k o m m e n.

Man irrt, wenn man schon in dem Zugeständnis solcher „Anpassung" an sich etwas wie feige Fahnenflucht des wissenschaftlichen Geistes sehen wollte. Dies träfe zu, wenn sich das Erkenntnissystem allein schon durch die ä u ß e r e Autorität gewisser Wertungen einen Zwangskurs auferlegen ließe — auf solche Weise könnte vielleicht eine dogmatisch-kirchliche, nie aber eine echt philosophische Weltanschauung entstehen. Und es kann auch Fahnenflucht sein, wenn innerhalb des Philosophen selbst seine Erkenntnis zu schnell vor seiner wertenden Stellungnahme kapituliert, wenn er jeden dem intellektuellen Ergebnis zuwiderlaufenden Wert für einen Fundamentalwert ansieht und gar nicht erst versucht, ihn sich geistig zu unterwerfen. Wo eine solche Bewältigung dagegen auch intensivster Arbeit nicht gelingt, wo daher für die Theorie die Gefahr bestände, einfach von den unaufgebbaren Wertungen beiseite geschoben zu werden, da ist Vogel-Strauß-Politik nicht Beharrlichkeit, sondern Feigheit. Hat man einmal eingesehen, daß auch die theoretischste Theorie nicht ein mechanisch-eindeutiges Gedankengebilde sei, sondern schon in ihrer innersten Struktur von Wertungen durchzogen, daher vieler Ausgestaltungsmöglichkeiten fähig sei, dann wird man fordern, daß sie diese Elastizität gerade dem letzten und höchsten Problem gegenüber bewähre; das ist für die Philosophie nicht ein Sichselbstaufgeben, sondern die Erfüllung ihrer vornehmsten Aufgabe.

Ja, noch mehr! Gerade wenn man der Erkenntnis die hohe Mission zuerteilt, auf das Werten einzuwirken, dann muß sie sich auch ihrerseits mit den allgemeinsten Forderungen des Wertens in Einklang zu setzen suchen. Ist die Erkenntnis wertfremd, so ist sie es nach beiden Seiten hin; sie fügt sich nicht der Wertwelt, aber sie leistet auch nichts für sie. Die machtvollsten Einwirkungen der Philosophie auf Kultur und Lebensgestaltung der Jahrhunderte sind nicht von jenen Systemen ausgegangen, welche die Welt als ein ethisch indifferentes Sachgebilde angesehen haben, sondern von denen, welche durch die Grundtatsache, daß es Wertungen gibt, ihren Erkenntnisgang bestimmen ließen. Ein theoretisches Wissenssystem, das sich streng abgesondert gegen jedwede Beziehung zur Wertwelt halten will, erniedrigt sich so selber zu einer gleichgültigen Jonglierkunst mit Gedanken oder zu einem gespenstigen Schattenspiel, das mit seinem „kimmerischen Grau"[1] die Weltanschauungssucher abschreckt.

Wenn man z. B. empfindet, daß eine mechanisch-naturalistische Welttheorie den Werten der geistigen Persönlichkeit und der sittlichen Selbstbestimmung, der zielvollen Lebendigkeit im Weltgeschehen und der Erhebung zur Gottheit nicht gerecht wird — welche Folgerung ergibt sich da? Soll man (mit Kant) resignieren: „An jenen Punkten versagt eben theoretisches Erkennen grundsätzlich"? Sich (mit Dubois Reymond) bei einem endgültigen „ignorabimus" beruhigen? Oder soll man umgekehrt (mit mechanistischen Dogmatikern) den Knoten zerhauen durch die

---

[1] So bezeichnete der junge Goethe bekanntlich den Eindruck, den das Hauptwerk des französischen Materialismus, das „Système de la Nature", auf ihn ausübte.

bequeme Resolution: „Persönlichkeit, Selbstbewußtsein, Gottheit und
Zielstrebigkeit sind nur Illusionen und Scheinwerte!"? — Ich meine,
man sollte vielmehr in jener Diskrepanz ein Anzeichen erblicken, daß
die zum Ausgang genommene Erklärungsweise — die hier natürlich
nur exempli causa gewählt wurde — als Welttheorie unzulänglich sei;
man müßte daraus den Antrieb entnehmen, an ihrer Statt eine neue und
umfassendere theoretische Formulierung zu suchen, die sowohl den
dort vornehmlich berücksichtigten Tatbeständen des Naturgeschehens
als auch den dort einfach abgewiesenen Wertungen gerecht wird.

Man kann sich so oder so verhalten — auch dies ist ein Werten,
über das nicht weiter gestritten werden kann. Wer aber
philosophische Weltanschauung für etwas Erstrebenswertes hält, der
muß zugestehen, daß sie nur in der Synthese, nicht in dem Zwiespalt
von Wissenssystem und Wertsystem bestehen kann; und wer selbst eine
philosophische Weltanschauung sucht, für den muß das regulative
Prinzip seiner Arbeit sein: Weltbild und Wertung zu einen.

3. Die subjektive Seite der Weltanschauung.

Vom Standpunkt der objektiven Geltung aus, der uns bisher
beschäftigte, mußte es als Mangel erscheinen, daß jeder Weltanschauung unweigerlich ein subjektiver Anteil anhafte. Aber es gibt
noch eine andersartige Betrachtungsweise, die diese subjektive
Färbung selbst in den Brennpunkt des Interesses rückt. Wenn ein
bedeutsames Subjekt sein Forschen und Streben mit seiner Eigenart
durchtränkt und das Ergebnis in systematischer Weise zur Darstellung
bringt, so ist eine solche Schöpfung, auch unabhängig von der
Gültigkeitsfrage, ein Kultur- und Geisteswert höchster Art. Darum
gewinnt die Frage nach dem Zusammenhang der Weltanschauungen
mit ihren Schöpfern und Trägern eine selbständige Bedeutung.

Als „Subjekte" einer philosophischen Weltanschauung haben
wir nicht nur die philosophierenden Persönlichkeiten zu betrachten.

Denn diese sind nicht vereinzelte, völlig auf sich gestellte Individuen, vielmehr zugleich Produkt und Ausdruck, Träger und Beeinflusser mannigfacher überindividueller Momente. Mit jenem ganz persönlichen Faktor, der die singuläre Besonderheit einer Individualität ausmacht, kreuzen sich Einflüsse der Familie und der Nation, des engeren Milieus und der weiteren Kultur. Insbesondere ist es der letztgenannte Faktor des Kulturgehalts, der — neben dem Einzelindividuum — die wichtigsten subjektiven Bedingungen für die Weltanschauung liefert; auf diese beiden Beziehungen zum Subjekt wird sich daher unsere Betrachtung beschränken.[1]

I. Die Beziehung zur Person.

Wenn Buffons Wort „le style c'est l'homme" wahr ist, wenn der Mensch sein ganzes Ich schon in seiner literarischen Ausdrucksweise bekundet — wieviel wahrer muß es noch sein für seinen metaphysischen „Styl", für die Art, wie er die letzten Verknüpfungen sucht im Erkennen und Glauben! Fichte hat recht: „Was für eine Philosophie man wähle, hängt davon ab, was man für ein Mensch ist."

Da Weltanschauungen von Wertungen beherrscht werden und Wertungen letzten Endes auf Gefühle zurückgehen, so muß das Gemütsleben des Subjekts sich in seiner Weltanschauung wiederspiegeln. Nun sind ja die Grundformen der Gefühle — Lust und Unlust, Liebe und Haß usw. — sowie die Hauptsphären des Gemütslebens — das ethische, ästhetische, religiöse Gebiet — an sich allgemein menschlicher Natur und bilden als solche gewisse generelle Grundbedingungen aller Weltanschauung; dagegen sind die dynamischen Verhältnisse der Gefühle zueinander und die konkreten Inhalte, an welche sie sich klammern, um sie zu Wertobjekten zu machen, aufs stärkste individualisiert. Ein Beispiel für das dynamische Verhältnis: Optimismus und Pessimismus

---

[1] Das „erkenntnistheoretische" Subjekt, von dem wir früher als einer dritten Form sprachen (S. 5), kommt hier nicht in Betracht. Es besteht in der allgemein menschlichen Erkenntnisorganisation; uns aber sollen hier nur diejenigen subjektiven Bedingungen beschäftigen, durch welche die Weltanschauungen differenziert werden.

sind Weltanschauungen. Ihr Ursprung liegt in dem Überwiegen gewisser Gemütszustände im Ganzen der Persönlichkeit oder der Zeit, in chronischen Stimmungs- und Temperamentseigenschaften. Solche Gefühlsdifferenzierungen führen zu besonderen Wertungen der Lebensbejahung oder Lebensverneinung, und diese wiederum suchen sich hinterher durch den theoretischen Nachweis zu rechtfertigen, daß in der Welt das Gute, bzw. das Schlechte überwiege. Als ob sich erweisen ließe, was aus Stimmungen geboren ist! — Sodann ein Beispiel für die Differenzierung der Gemütsobjekte: Materialismus und Idealismus sind Weltanschauungen. Ihr Ursprung liegt, wie schon einmal angedeutet, in zwei ganz verschiedenen Richtungen der gefühlsmäßig-praktischen Veranlagung und damit des Wertens: wo das äußere Sein im Vordergrund des Interesses steht, wird es auch in den Vordergrund der Theorie gerückt; wo der Geist sich selber zugekehrt ist, scheint alles andere nur aus ihm heraus verständlich.

Dies ließe sich beliebig weiter ausspinnen; begnügen wir uns mit einem Hinweis auf die deutsche Philosophie zu Beginn des 19. Jahrhunderts, deren Strahlenbündel das individuellste Farbenspiel aufwies. In Fichte, Schelling, Hegel haben wir ausgeprägte Vertreter dreier Persönlichkeitstypen vor uns; ihre Lehren zeigen der Reihe nach die Vorherrschaft ethischer, ästhetischer, logischer Einstellung — nicht als Ergebnisse von Theorien, sondern als wesenhafte Charakterzüge der Schöpfer. Für Fichte ist das Ich nur als sittlich Handelndes, die Natur nur als Betätigungs- und Kampfobjekt des sittlichen Strebens und der Weltprozeß nur als moralische Weltordnung verständlich; einem Schelling verbinden sich Natur und Geist zu einem gewaltigen Kunstwerk, welches nur in der intellektuellen Anschauung, einem der künstlerischen Intuition verwandten Akt, erfaßbar ist; und Hegel unternimmt es, alles Existierende in Vernunft aufzulösen und alles von der Vernunft geforderte in der Wirklichkeit nachzuweisen, so daß ihm das Weltgeschehen selbst zu einem ungeheuren, logisch fort-schreitenden Vernunftprozeß wird — da haben wir wahrlich die Weltanschauungen als „documents humains".

Freilich, so durchsichtig wie bei diesen dreien ist der Zu-sammenhang zwischen Persönlichkeit und Weltanschauung nicht immer. Ja, es gibt Fälle, in denen die Eigenart der Persönlichkeit, soweit wir sie aus direkteren Quellen kennen, in einem seltsamen Widerspruch zu ihrer Weltanschauung zu stehen scheint: so etwa bei Schopenhauer und Nietzsche. Doch eine nähere Betrachtung offenbart auch hier den Zusammenhang; nur ist er anderer Natur. Es ist eine Philosophie ihrer Sehnsucht, die jene Denker uns geben, nicht eine ihres Seins.

Gerade weil Schopenhauer mit scharfem Blick die Mängel des eigenen Ich erkannte: seine kleinen Abhängigkeiten von äußerlichen Dingen, seine Neigung zur Reizbarkeit, Furchtsamkeit, Eitelkeit — gerade darum erschien ihm das Freisein hiervon als ein Zustand, nach dem er heiß strebte und der doch immer in gleich unerreichbarer Ferne blieb; und so erhob er ihn zum Ideal schlechthin, das er dann als souveräne fakirhafte Gleichgültigkeit gegen alle Freuden und Leiden der Welt schilderte. — Wenn andererseits der stille, in sich gekehrte Nietzsche mit seiner mimosenhaften, fast femininen Natur die blonde Bestie, den kraftgenialischen Tatmenschen auf den Schild erhebt, so ist auch dies eine Wunschtheorie und als solche eine geistige Photographie ihres Schöpfers im Negativ. Darum ist es auch kein Zufall, wenn Nietzsche einen Satz ausspricht, der an den oben zitierten Fichteschen so stark anklingt: „Allmählich hat es sich mir herausgestellt, was jede große Philosophie ist: nämlich das Selbstbekenntnis ihres Urhebers und eine Art ungewollter und unvermerkter mémoires."

Die so festgestellte Blutsverwandtschaft, die zwischen einer philosophischen Weltanschauung und ihrem Urheber besteht, nähert sie nun aber einem anderen geistigen Hochgebiet, nämlich der Kunst.

Die Weltanschauung des Philosophen ist, ähnlich jeder großen Kunstschöpfung, ein aus tiefstem Sehnen heraus erwachsenes, zugleich mit Anspannung aller Kräfte nach absichtvollen Plänen durchgeführtes Werk. Dies Werk erstrebt Einheit in der Mannigfaltigkeit, will das erdrückende Chaos zu befreiender Harmonie gestalten; es will aus dem Gewirr des Scheins und des Unwesentlichen den wesenhaften Kern, die ewige Bedeutung herausholen. Das sind Tendenzen, die denen des echten Künstlers überraschend nahe stehen. Werden die Strebungen nun noch ergänzt durch die Fähigkeit, das subjektive Sein und Sehnen plastisch aus sich herauszustellen, dann wird die philosophische Weltanschauung in der Tat eine Art Kunstwerk von höchster Gestalt.

Seitdem Friedrich Albert Lange für diese Analogie den Ausdruck „Begriffsdichtung" gefunden, ist der Gedanke oft wiederholt worden. Man hat eingesehen, wie der ästhetische Trieb nach abrundender Gestaltung zuvörderst die großen Umrisse des Gemäldes entwerfen mußte, welche dann vom logischen Denken mit Farben, Lichtern und Schatten ausgefüllt wurden. Und man entdeckte vor allem, daß bei jeder wahrhaft bedeutsamen Weltanschauung ihre Zugehörigkeit zum Philosophen nicht das lose und zufällige Verhältnis des Ergebnisses zum Forscher, sondern das notwendige und unauflösliche der Schöpfung zum Schöpfer sei.

Selbstverständlich kann der Anteil, den das eigentlich künstlerische Moment an der Ausgestaltung der philosophischen Weltanschauung hat, ein sehr verschiedener sein: man halte nur Aristoteles gegen Plato, Hegel gegen Schelling, Spencer gegen Nietzsche. Aber fehlen kann dieser Faktor niemals; selbst bei dem nüchternen Kant und dem abstrakten Spinoza spielen Intuition und Architektonik eine bedeutsame Rolle.

Wie groß aber der innere Zusammenhang zwischen Philosophie und Kunst sei, das zeigt die wahrlich nicht zufällige Tatsache, daß vom künstlerischen Philosophen bis hin zum philosophischen Dichter alle Übergänge existieren: Plato, Bruno, Rousseau, Nietzsche, Lessing, Schiller.

Die letzte Betrachtung scheint es nun nahezulegen, vor allem die Subjektivität des Kunstwerks auf die Weltanschauung zu übertragen. Und nun kommt es wieder auf die Wertung an. „Die Weltanschauung ist nur subjektiv", tadelt der eine, „bloße Phantasmagorie; ihr Versuch, irgendwie die Wahrheit darzustellen, ist demnach als gescheitert aufzufassen, ihr Anspruch auf Gültigkeit zu verwerfen". — „Die Weltanschauung ist durch und durch subjektiv", lobpreist der andere; „man suche doch nicht magere, unpersönliche Theorie in dem, was von A—Z souveräne Schöpfung und geistiger Ausdruck einer großen Persönlichkeit ist; man

erwarte nicht, dort wissenschaftlich etwas profitieren und lernen zu
wollen, wo man genießen, sich künstlerisch erbauen soll".

Beide Standpunkte sind zu verwerfen; sie machen aus einer Seite
das Ganze. Es ist zwar berechtigt und notwendig, die Weltanschauung
ihrer subjektiven Seite nach ins Auge zu fassen und ihre daraus
entspringenden Mängel und Vorzüge hervorzuheben; aber es ist falsch,
nun ihre ganze objektive Seite einfach zu streichen. Wenn die
Anordnung dieser Schrift die objektive Bedeutung der Weltanschauung
an die erste Stelle setzte, so ist damit schon unser Standpunkt
gekennzeichnet.

Soviel ist ja freilich zuzugeben, daß die Erkenntnis des künstlerischen Moments in den Weltanschauungen deren Würdigungs-
möglichkeit beträchtlich erweitert hat. Der Gesichtspunkt der
Gültigkeit kann nun nicht mehr der alleinige sein, aus dem heraus uns
eine Philosophie interessiert. Wir vermögen jetzt einen Standort
jenseits von wahr und falsch einzunehmen, indem wir uns der
Weltanschauung erfreuen als der Schöpfung eines philosophischen
Genies, das seine überreiche Individualität in dies sein Werk hin-
eingegossen hat. Sowie die Gebilde der antiken Mythologie die Tage
ihrer historischen „Gültigkeit" längst hinter sich haben und dennoch
uns, die wir sie nicht mehr für objektiv existierend halten, ästhetisch
erbauen — so kann auch eine Weltanschauung als objektive Theorie
und gültiges Wertsystem längst überwunden sein und uns doch noch
mit künstlerischer Teilnahme erfüllen; zwingt sie uns auch nicht mehr
Einwilligung ab, so ermöglicht sie doch Einfühlung: jenen freien
Akt des Sichhineinversetzens in andersartiges Geistes- und
Gemütsleben als das unsere ist. Und selbst für eine Weltanschauung,
die heute im Kampf der Meinungen steht, gilt Ähnliches. Wohl müssen
wir sie theoretisch prüfen und zerpflücken, wir müssen dies an ihr
billigen, jenes verwerfen … aber bedauernswert der, der sie nur so
anzuschauen vermag, der in ihr nur eine Summe bestreitbarer oder
annehmbarer Theorien sieht und gar nicht ahnt, daß sie ein Ganzes ist,
und daß sie als dies Ganze mitsamt ihren Fehlern in „interesselosem
Wohlgefallen" als Kunstwerk genossen werden kann.

Aber ist denn die Weltanschauung, auch rein als künstlerische Tat
betrachtet, nur subjektiv? Die Bejahung dieser Frage er-

scheint fast selbstverständlich und ist dennoch falsch. Denn zu dem Satz, daß jede philosophische Weltanschauung ein Stück Kunst sei, gehört als notwendige Ergänzung der andere, daß jede Kunst ein Stück Philosophie sei! Unsere moderne Fachästhetik hat in psychologistischer Einseitigkeit ganz vorwiegend den im Künstler, bzw. Genießer vorhandenen Bewußtseinsbestand, also das Subjektive betrachtet und dabei die Frage nach dem metaphysischen Sinn der Kunst vernachläßigt. Diesen Sinn aber haben frühere Ästhetiker und vor allem die großen Künstler aller Zeiten selbst gekannt und anerkannt. Kunst als bloße Subjektivität und document humain wäre ein Zerrbild oder eine Spielerei; und es wäre unverständlich, wie die Kulturmenschheit solche Phantasieerzeugnisse je zu ihren höchsten Geistesschätzen hätte zählen können. Und warum haben wohl alle großen Künstler sich für Sendlinge einer höheren Bestimmung gehalten — als Phantasten und Träumer? Oder nicht vielmehr als Ahner und Seher? Wesen und Wert der Dinge glauben sie zu schauen, Wahrheitssucher sind sie in ihrer Weise. Das Bedeutsame, das sie uns geben, das legen sie nicht etwa nur kraft ihrer Subjektivität in die Dinge hinein, sondern sie holen es zugleich kraft ihrer Objektivität aus den Dingen heraus. Das ist ja die Tat des Genius, daß er dem Dasein Wesensmomente abgewinnt, die wirklich darin enthalten sind, die aber er vor allen anderen zu schaun berufen ist; von nun an sind sie der Menschheit als Wahrheiten erobert. Dem echten Künstler ist somit sein Werk zugleich Welt-anschauung. Und zwar braucht diese — wie vor allem das große Beispiel Goethe zeigt — nicht eine einseitig ästhetisierende Welt-anschauung zu sein; sondern sie kann in intuitiver Form die Stellungnahme zu allen Problemen und Werten enthalten, kann eine Religion und eine Ethik ebenso wie ein großzügiges Bild der Natur- und Geisteswelt in sich schließen — bedeutsam zugleich subjektiv als Darstellung dieser einzigartigen Persönlichkeit, wie objektiv als Versuch, dem All sein Geheimnis zu entreißen.

Und wenn wir daher auch innerhalb der eigentlich philoso-phischen Systeme künstlerische Züge erkannten, so stehen diese nicht in bloßer Gegensätzlichkeit zu dem „Philosophischen" und Objektiven in ihnen, sondern durchdringen dieses in mannigfachster Weise, ja ermöglichen zum Teil erst durch die vorwegnehmende und gestaltende Kraft der Intuition das Zustandekommen des objektiven Weltbildes.

Die Beziehung zur Kultur.

Die sogenannte Milieutheorie, von vielen bis zur Verzerrung vereinseitigt, ist doch als Teilwahrheit anzuerkennen. Ein jeder Mensch ist in gewissem Sinne ein Kind seiner Zeit und seiner Kultur, auch der selbständigste und originalste. Mag ein Philosoph scheinbar noch so sehr voraussetzungslos sein und sich von allem Überlieferten und Gewohnheitsmäßigen befreit zu haben glauben, mag er noch so subjektiv sein und alles, was durch ihn hindurchgeht, mit der eigenartigen Farbe seiner Persönlichkeit durchtränken — trotzdem ist es nicht nur „der Herren eigener Geist, in dem die Zeiten sich bespiegeln", sondern auch „der Geist der Zeiten", der seiner Weltanschauung das Gepräge gibt. Die Art, die Dinge zu sehen und zu werten, die Richtung der Interessen, die Stellung der Probleme, selbst die Auswahl dessen, wogegen sich Kritik und Kampf richtet, kurz der ganze Stil seines Philosophierens — dies Gleichnis drängt sich wieder auf — ist nicht nur Persönlichkeitsstil, sondern zugleich Zeitstil, Kulturstil. So grundverschieden wir z. B. Hegel, Schelling und Fichte als Persönlichkeiten fanden, so kulturverwandt muten doch ihre Systeme an, wenn man sie mit den Philosophien anderer Zeiten vergleicht.

Nun hatten wir eine solche Beeinflussung durch die jeweilige Kultur schon früher für die Weltanschauung des „Gebildeten" bezeichnend gefunden; aber das Verhältnis von Mensch zu Kultur ist hier und dort doch ein ganz anderes. Für den Gebildeten sind diese Beziehungen mit einem passiven Sichbestimmenlassen im wesentlichen erschöpft; der Philosoph zahlt mit Zinseszins das zurück, was er empfangen. Kulturgetragen wie er ist, wird er selbst zum Kulturerzeuger; und zwar nicht nur in jenem selbstverständlichen Sinne, daß er als Mehrer des Wissens an der stetigen Aufklärung und Horizonterweiterung der Menschen mitarbeitet; sondern im Sinne einer ganz speziellen Aufgabe, welche die philosophische Weltanschauung ihrer Epoche zu leisten berufen ist: Kulturformel und Kulturparole zu sein.

Kultur — hier nicht als abstrakter Allgemeinbegriff, sondern als konkrete Schöpfung einer gegebenen Zeit aufgefaßt —, der Inbegriff für eine ungeheure Summe von Strömungen des Geisteslebens und Strebungen des Willenslebens, von materiellen Existenzweisen, ökonomischen und technischen Energien — das Ganze chaotisch durcheinander wirbelnd, widerspruchsvoll durch Gegensätzlichkeiten und Parteiungen größter und kleinster Art, und vor allem: in den Haupttriebkräften unbewußt, voller Sehnsüchte ohne klar geschautes Ziel, voller gefühlsmäßigen Zu- und Abneigungen, die der Begründung entbehren, voller Wertungen und Instinkte, denen keine Vernunft gebietet — ein Wirrnis sondergleichen! Und doch nicht ohne jede Hoffnung auf Entwirrbarkeit. Zahllos zwar und unzusammenhängend sind die Inseln und Riffe, die Eisberge und die Vulkane, die sich aus dem Ozean der Epoche als einzelne Kulturtatsachen herausheben; aber dennoch, am Meeresboden, im Unbewußten hängen sie zusammen. Da erwacht denn zuweilen das Verlangen, das Senkblei auszuwerfen und Glühlampen hinabzulassen ins Meer, um jenen gemeinsamen Untergrund zu prüfen und zu schauen; man lechzt nach Selbstbesinnung. Und nun treten Persönlichkeiten auf, die sich nicht einfach vom Strudel des Kulturchaos mitfortreißen lassen, sondern das Zerfließende zur Kristallisation bringen wollen. Jede große Geistestat — in Kunst, Heroentum, Religion — ist, abgesehen von ihrer sonstigen Bedeutung, eine solche Verdichtung des Kulturgehalts; in der Philosophie aber wird diese Kristallisation zu einer logisch-begrifflichen. Wie der Mathematiker die scheinbar so unfaßbaren Windungen einer Kurve in einer Gleichung erschöpfend ausdrückt, so findet der Philosoph durch die Formulierung und — was nicht weniger wichtig — durch die Rangbestimmung der Begriffe den adäquatesten Ausdruck für wesentliche Faktoren seiner Zeit: eine „Kulturformel". Seine Weltanschauung gibt die Zusammenfassung nicht nur des Wissens, sondern auch der Wertungen seiner Epoche; sie sucht in logisch abgeleitete Normen zu fassen, was in den dunkeln unbewußten Willensrichtungen und Bedürfnissen der Zeit lebt.

An der Eingangspforte der Neuzeit stehen zwei philosophische Formeln: das „cogito" des Descartes und das „knowing is power" des Bacon. Dort die Mündigkeitserklärung der individuellen Vernunft, hier die Begründung der menschlichen Herrschaft über die Natur durch das Wissen — zwei entscheidende Züge, welche der Kultur der Neuzeit im Gegensatz zur traditionellen Gebundenheit und der Naturfremdheit des Mittelalters das Gepräge geben.

Als in Frankreich um die Mitte des 18. Jahrhunderts ein dumpfer Druck den Massen immer unerträglicher wurde, ohne daß sie wußten, woher er stamme und wie ihm zu begegnen sei, da brachten die Aufklärer, ein Voltaire, Diderot usw., mit ihren Begriffen der Toleranz und des Freidenkertums, der Menschenwürde und der Menschenrechte doch nur eine Saite zum Erklingen; erst als Rousseau mit seinem Ruf „Zurück zur Natur" den Glanz der Zivilisation selbst als erborgten und verlogenen hinstellte, da fühlte man, daß sich die geheimsten Wünsche zum Begriff verdichtet hatten — und unter den beiden Standarten der Vernunft- und der Naturidee beschritt das Zeitalter den Pfad zur Revolution.

Im 19. Jahrhundert war die Marxistische Philosophie das Bewußt- und Begrifflichwerden der sozialen Bewegung des vierten Standes. Aber gerade die Zuspitzung mußte entgegengesetzte Kulturtendenzen zur Gegenwehr aufrütteln; das Ideal der allgemeinen Vergesellschaftung und Angleichung drohte alles eigenartig Individuelle und stark Persönliche zu entrechten, — da kam Nietzsche, um wiederum einseitig, aber in notwendiger Reaktion diese gefährdeten Werte philosophisch zu münzen.

Wo wir im Laufe der Menschheitsgeschichte finden, daß irgend eine philosophische Weltanschauung für eine gewisse Zeit und eine gewisse Kultursphäre das Denken monopolisiert, da dürfen wir sicher sein, daß jene Epoche — zwar nicht, wie sie glaubte, die Philosophie — wohl aber ihre Philosophie gefunden habe; man denke an die Scholastik, den Leibnizianismus und den Kantianismus, die Aufklärung, den Hegelianismus usw. Aber auch wenn irgend eine Epoche „ihre" Philosophie sich nicht hat schaffen können, so ist dies wiederum zugleich ein Zeichen der Zeit: nämlich für eine nicht nur scheinbare, sondern wirkliche Zersplitterung und Kulturanarchie — wozu ja die Renaissance mit ihrem Sturm und Drang, mit ihren zahllosen unklaren Ansätzen zu neuen Ideen und Wertungen ein klassisches Beispiel darbietet.

Auch für die griechische Niedergangszeit und endlich für die Mitte des 19. Jahrhunderts ist das Fehlen einer herrschenden Kulturphilosophie zugleich eine — negative — Kulturformel. Was an Philosophien in solchen Zeitläuften auftritt, ist dann höchstens imstande, für das eine oder andere kleinere oder größere Strahlenbündel aus den gesamten Lichtfluten der Epoche den Brennspiegel zu bilden.

In dem bisher Gesagten ist schon ein Gesichtspunkt implizite enthalten, der aber doch noch einmal ausdrücklich hervorgehoben sei.

Die Philosophie leistet für ihre Epoche als deren begriffliche Selbstbesinnung Ähnliches, wie es die Selbstbesinnung und Einkehr im Einzelindividuum für dieses zu leisten vermag; das ist aber nicht nur Bewußtmachung und Systematisierung der schon vorhandenen geistigen Inhalte, sondern auch Wirkung auf die Zukunft. Wie oft ist nicht im Einzelleben ein solcher Selbstbesinnungsakt geradezu ein neuer Anfang geworden; das Fazitziehen bedingte zugleich die Anlegung einer neuen Rechnung. Und ganz entsprechend kann auch eine philosophische Weltanschauung berufen sein, nicht nur Kultur-„Formel" für die Gegenwart, sondern auch Kultur-„Parole" für die Zukunft zu bedeuten.

Freilich sind diese beiden Seiten fast nie säuberlich zu trennen. Denn eine bestimmte Kulturperiode ist weder zeitlich momentan, noch räumlich homogen. Darum kann eine philosophische Formulierung (wie etwa Descartes' „cogito") zugleich Ausdruck für vorhandene Tendenzen wie Triebfeder zu deren weiterer Ausgestaltung sein; darum kann ferner eine philosophische Weltanschauung für die eine Kultursphäre Gegenwarts- und für eine andere gleichzeitig Zukunftstheorie sein: dies gilt z. B. bezüglich der Aufklärungsphilosophie des 18. Jahrhunderts für England einerseits, für Frankreich andererseits.

Aber wenn auch niemals beide Seiten ganz getrennt sind, so kann dennoch das Überwiegen der einen oder anderen Kulturbedeutung für eine Weltanschauung charakteristisch werden. Den früher besprochenen Gegensatz von „Seins"- und „Wunsch"-Theorien gibt es nicht nur in Hinblick auf die individuellen Philosophen, sondern auch auf die Epochen. Hegels System ist nicht nur persönliche Seinstheorie, sondern auch kulturell vorwiegend Gegenwartsformel, Marxens dagegen Zukunftsparole. Ja, zuweilen ist's, als ob der Philosoph, seiner Zeit weit vorauseilend, prophetisch Werte und Erkenntnisse schaut, die sich erst viel später in Kulturphänomene umsetzen sollen; so wird Plato, auf dem Gipfel griechischer Diesseitigkeitskultur stehend, zum Vorahner des christlichen Ideals der Weltflucht und der stoffbefreiten Geistigkeit — während, im rechten Gegensatz hierzu, Aristoteles als der umfassende Formulierer seiner Zeit zu gelten hat.

Der Hegelsche Gedanke, daß die Philosophien überhaupt nichts anderes seien als logisch geforderte Ausdrucksweisen und Werkzeuge der herrschenden und den Geschichtsverlauf bedingenden Kulturideen, ist gewiß in seiner Einseitigkeit falsch, aber er hat doch bewirkt, daß die Einsicht in den Zusammenhang zwischen Kultur und Philosophie heute wissenschaftliches Allgemeingut geworden ist. Und hier ist auch der Punkt, wo jene Unphilosophie aufs schlagendste widerlegt werden kann, die da behauptet, das Philosophieren sei nur überflüssige Begriffsgymnastik und die Philosophien phantastische Luftschloßarchitekturen, an welchen der gewaltige Strom des realen Lebens in unbekümmerter Unbändigkeit vorüberflute. Wenn diese Philosophiegegner selber kein Verlangen tragen nach einer letzten Synthese ihrer Überzeugungen und Wertungen, kurz nach einer Weltanschauung in menschlich vollkommenster Form, so kann man sie nicht ummodeln. Wenn sie ferner unfähig sind, jenseits vom Standpunkt des „wahr" oder „falsch" eine philosophische Weltanschauung als eine harmonisch ausgestaltete allumfassende Geistesschöpfung und Manifestation einer genialen Persönlichkeit ästhetisch zu genießen, so kann man sie nur bedauern. Wenn sie aber leugnen, daß die Philosophie eine Kulturmacht allerersten Ranges ist, dann können sie es nur, indem sie sich gegen aufdringliche Tatsachen gewaltsam verschließen oder eigensinnig nach dem Dogma der materialistisch-ökonomistischen Geschichtsauffassung geistigen Faktoren überhaupt keine kulturelle Ursächlichkeit zuerkennen.

Dieser Kulturwert der Philosophie wird deshalb so oft unterschätzt, weil er meist auf anonymen Wirkungen beruht. Tausend Selbstverständlichkeiten unseres Daseins, Begriffe und Ausdrücke,

Urteile und Standpunkte, hat die Philosophie der Menschheit erst mühsam erkämpfen müssen; die Menschheit aber hat sich ihrer bemächtigt wie eines Strandgutes, nach dessen Herkunft nicht gefragt wird. Was an Idealen dem Leben Weihe verleiht, der unphilosophische Mensch fühlt sie wohl, aber Philosophie hat ihnen Ausdruck, Form und Grund gegeben; was an Zielen unser Handeln bestimmt, Philosophie hat sie geprüft und gewertet, hat sie gerechtfertigt und verworfen, hat sie bewußt gemacht und uns ihnen genähert.

So muß denn gerade die letzte Betrachtung die Frage für uns dringlich machen: Und wir? Wie steht die Gegenwartskultur zur Weltanschauung?

Zweiter Teil
Unsere Zeit und die Weltanschauung

In ihrem Verhältnis zur Weltanschauungsfrage betrachtet, scheint unsere Zeit[1] an der Grenzscheide zweier Kulturen zu stehen. Die eine im Abklingen begriffene — wir nennen sie die „letzte" Kultur — hatte ihren Höhepunkt etwa in den 80er Jahren; aber da Kulturepochen nach vielen Jahrzehnten zählen, so ist sie auch heute noch in Blüte, ja für die meisten Menschen immer noch „die" Kultur. Die jüngste Zeit hat aber schon Anzeichen gebracht, daß eine „neue" Kultur sich vorbereitet; und dem geschärften Blick zeigen sich heute allenthalben die Keime dessen, was da erblühen will. Das Kennzeichen der „letzten" Kultur ist die Weltanschauungslosigkeit, das der neuen der Wille zur Weltanschauung. Die gegenwärtige Übergangszeit zeigt beides neben- und durcheinander; und nur künstlich kann die Trennung sein, die wir jetzt vornehmen müssen, wenn wir uns jenen negativen und diesen positiven Zug in ihrer Bedeutung und ihrem Wirkungsumfang zu vergegenwärtigen suchen.

1. Weltanschauungslosigkeit.

Blendend sind die Leistungen der letzten Kultur; in ihrem Wissen, ihrer Technik, ihrer Sozialität hat sie eine gigantische Entwicklung genommen, und doch ist sie armseliger als manche bescheidenere Kultur vor ihr, denn sie hat keine Weltanschauung. Ja, sie hat sie bis vor kurzem nicht einmal vermißt, vielleicht sogar in robuster Selbstgenügsamkeit auf diesen Mangel gepocht, als sei er ein Vorzug und ein Verdienst.

---

[1] Es sei noch einmal daran erinnert, daß als „unsere Zeit" die Zeit der Abfassung dieser Schrift, also der Jahrhundertbeginn, zu verstehen ist.

Welttheorie, Weltbewertung, Kulturformel und Kulturparole: das alles soll eine philosophische Weltanschauung ihrer Zeit gewähren — die letzte Kultur hatte nichts dergleichen.

Der Philosophie als Welttheorie hätten sich die Wissenschaften annehmen müssen; doch diese zeigten gänzlich andere Tendenzen. Ihr Bild war und ist das einer ungeheuren Dezentralisation. Die Methoden der empirischen Forschung sind zu einer Genauigkeit ausgebildet und arbeiten mit einer Fruchtbarkeit, die den höchsten Anforderungen genügt und sich ständig selber übertrifft; dies war aber nur möglich durch die Entstehung eines unübersehbaren Spezialistentums. Von Jahr zu Jahr bilden sich neue Zwischen- und Untergebiete, ein jedes mit seinen eingeschworenen Fachleuten, seinen abgegrenzten Fragestellungen, Verfahrungsweisen, Begriffskategorien; das Wissensmaterial schwillt an zu erdrückenden Massen. Aber alles geht auf in Differenzierung, Arbeitsteilung, Absonderung; die Kraft und Lust zur Synthese fehlt. Vor zwei bis drei Jahrzehnten hatte dieser Tatsachenfanatismus einen Höhepunkt und mit ihm die Schätzung alles Philosophierens einen Tiefstand erreicht, wie er in der Geschichte der zivilisierten Welt noch kaum dagewesen war. Man identifizierte Philosophie überhaupt mit jener tatsachenfremden, rein spekulativen Sonderform, welche sie zu Anfang des 19. Jahrhunderts gezeigt hatte, und war deshalb überzeugt, daß „die Philosophie" durch die empirische Forschung endgültig abgelöst sei. Den Blick auf die Erde gerichtet, ging die Schar der Tatsachensucher auf ihre Funde aus und vergaß über der Freude am Sammelerfolg, daß Anhäufung von Materialien nur die Vorarbeit der Vorarbeit sein könne. Das galt in gleichem Maße für die Geistes- und Geschichts-, wie für die Naturwissenschaften.

Freilich, ganz ohne Synthese ging es nicht ab; man mußte doch die Tatsachen ordnen, zwischen ihnen Zusammenhänge herstellen, Gesetzmäßigkeiten konstatieren. Aber auch hier wurde man seinem Prinzip nicht untreu: man führte die Synthesen nur gerade so weit, wie es eben durch den Zwang der empirischen Tatsachen dringend gefordert schien; man suchte sie so zu formulieren, daß der philosophische Einschlag ein Minimum betrug.

Eine Folge dieser Bestrebungen war der Kultus der „Gesichtspunkte". Jede Wissenschaft wählte sich nicht nur ein bestimmtes Gebiet, sondern auch eine gewisse Betrachtungsweise, gewisse Kategorien des Auffassens und Einordnens und fühlte sich in dieser künstlich geschaffenen Abstraktion selbstherrlich; was sich dem Gesichtspunkte nicht fügte, ließ sie von sich abgleiten und schob es einem anderen Gebiete zu: „das und das fällt außerhalb des Rahmens physikalischer Betrachtungsweise und muß der Biologie überlassen bleiben"; „auf diese Schwierigkeit braucht die Psychologie keine Rücksicht zu nehmen, sie gehört in die Ethik, deren Gesichtspunkte uns hier nicht zu interessieren haben" usf. In solchem Verhalten liegt eine Selbstbeschränkung, die als Provisorium wohl angebracht, ja geboten sein kann, als Definitivum aber verderblich wirken muß. — Eine andere Folge bestand in dem Bestreben, sich alles eigentliche Erklären und kausale Verstehen der gefundenen Tatsachen zu versagen; denn dies schien metaphysisch, und Metaphysik war ein Scheltwort. Die festgestellten Gesetzmäßigkeiten sollten nicht als ursächliche Prinzipien, sondern als mathematische Funktionalbeziehungen gelten; als höchstes Ziel wurde aufgestellt, die von jedem unempirischen Einschlag „gereinigten" Erfahrungen „auf möglichst einfache Weise zu beschreiben".

Eine kleine Gruppe unter den Fachwissenschaftlern — insbesondere unter den Naturforschern — gab sich jedoch nicht mit jener Selbstbeschränkung zufrieden, sondern glaubte wirklich, ihr Wissen unter letzte Synthesen bringen zu können. Aber dieser Versuch zeigte durch die Dürftigkeit seines philosophischen Ertrags erst recht, wie wenig die Zeit zur Weltanschauungsbildung befähigt war. Man stellte allerdings einige Prinzipien von möglichster Allgemeinheit auf, vergaß aber, daß das Allgemeinste auch zugleich das Leerste und Inhaltloseste sei, und daß nun alles darauf ankomme, die Schemata mit dem lebendigen Inhalt der konkreten Wirklichkeit zu erfüllen. Drei oder vier Axiome — die Allgültigkeit des Kausalgesetzes, die Energieerhaltung, das Entwicklungsgesetz, der psychophysische Parallelismus — bildeten einen Rahmen, der möglichenfalls geeignet sein konnte, einem Weltbild Abgrenzung und Zusammenhalt zu geben; aber sie stellten noch nicht das Gemälde selbst mit seinen Farben und Formen dar. So setzten sich die Philosophien eines Spencer oder eines Häckel nur aus ganz wenigen mageren Abstraktionen zusammen, die sich freilich überall wiederfinden lassen, aber eben nur deshalb, weil sie jeder Spezifizität bar sind. Die Bezeichnung „Monismus" wird dann für ein solches System oft nur zum Ausdruck jener Anspruchslosigkeit, die sich mit einem allgemeinsten Begriff statt der Fülle der Existenzen begnügt.

Noch deutlicher zeigt sich die philosophische Unzulänglichkeit solcher „monistischen" Konstruktionen, wenn wir den Maßstab anlegen, ob sich in ihnen die Welttheorie mit der Weltbewertung synthetisch verknüpfe. Die eine Wirkung freilich ist ihnen nicht abzusprechen, daß sie manche Werte, die als unfehlbar galten, aufs heftigste erschüttert haben. Aber dieser negativen Leistung steht keine positive gegenüber. Das System der naturalistischen Entwicklungslehre hat aus sich heraus nicht mit organischer Notwendigkeit ein neues System von Wertungen hervorzubringen vermocht, vielmehr zu den widersprechendsten Wertungskonsequenzen geführt. Aus der Entwicklungsidee leiten die Sozialisten ihr kommunistisches, Nietzsche sein aristokratisch-individualistisches, Spencer sein liberal-industrialistisches Ideal ab; und zum Glauben an einen persönlichen Gott verhält sich Darwin bejahend, Spencer meinungslos und Häckel verneinend. Die geringe schöpferische Kraft jener Lehren aber verrät sich schließlich darin, daß selbst die wenigen Prinzipien, mit denen sie alles zu erklären suchen, nicht eigenen Gewächses sind. Die Idee der strengen Naturkausalität und des psychophysischen Monismus ist bereits in früheren Jahrhunderten (inbesondere von Spinoza) ausgebildet worden; die Entwicklungsidee aber und das Energiegesetz stammen aus der ersten Hälfte und der Mitte des 19. Jahrhunderts; die naturalistische Entwicklungsphilosophie der letzten Zeit hat keinen einzigen fundamentalen Gedanken mehr hinzugefügt. In diesem Sinn hat das Werk Häckels des Welt-Enträtslers typisch die Bedeutung eines Epilogs zu einer im Abklingen begriffenen Epoche, nicht die des Prologs zu einer kommenden.

Wo war aber, so wird man fragen, in jenen Zeiten die eigentliche Fachphilosophie? Nun, sie hat gleichfalls emsig gearbeitet und viel geschafft — aber freilich nicht viel geschaffen. Auch sie war angesteckt von dem metaphysikfeindlichen Zuge des Zeitalters und gegen ihre eigene Leistungsfähigkeit mißtrauisch geworden. Da das hohe Meer der Spekulation in der ersten Jahrhunderthälfte so vielen Systemen Schiffbruch gebracht hatte, wandte sie sich bescheidenerer Küstenfahrt und sichernden Hafenbauten zu — eine „Philosophie ohne Weltanschauung" (ähnlich der „Psychologie ohne Seele", von der Friedrich Albert Lange sprach). Ihre Hauptarbeitsinteressen lagen abseits von den eigentlichen Weltanschauungsfragen: sie waren der Erkenntnistheorie, der Historie und gewissen Spezialwissenschaften (der Psychologie, der Ästhetik usw.) gewidmet.

„Rückgang zu Kant"! — dieser Ruf, der in den 60er Jahren erging, klang nach der Verstiegenheit der idealistischen Spekulation und der seichten Unphilosophie des Materialismus wie ein Weckruf zu ernster Vertiefung und nüchterner Klarheit. Und man entdeckte Kant von neuem, lernte an dem Großen wieder denken, die Probleme sehen und in ihrer Schwierigkeit würdigen; der Neukantianismus entstand. Aber die Macht, mit der die Bewegung bald die Interessen der besten Denker beanspruchte, war zugleich eine Gefahr; denn das „Zurückgehen", auch auf den Größten, ist doch letzten Endes das Gegenstück vom Vorwärts-gehen. Der Neukantianismus wurde zum großen Teil Kantphilologie und Kantkritik; das Problem „Kant" erschien fast dringlicher als die Probleme Kants. Aus den Kantischen Gedankengängen waren es aber wieder vornehmlich die negativen antimetaphysischen, welche das Interesse fesselten: die Betonung der Wissensgrenzen, die Ablehnung jeder eigentlichen Metaphysik, die subjektive Bedingtheit unseres Wissens — und so war es verständlich, daß man sich gegen alles, was an positiven Aufbau der Weltanschauung anklang, ablehnend verhielt.

Derselbe antimetaphysische Zug begegnet uns auch in anderen erkenntnistheoretischen Richtungen der Zeit: im Empiriokritizismus von Avenarius, in Machs Empfindungslehre, im Positivismus, der, von Comte begründet, die romanischen Lande beherrschte — ein Zeichen, daß es sich nicht um zufällige Einzelerscheinungen handelte. Ein gewaltiger Scharfsinn wurde auf das Sezieren und

Analysieren der Erkenntnis verwandt; da konnte für Synthese und schöpferische Gestaltung keine Kraft übrigbleiben.

Die Philosophie, die ihre Weltanschauungsaufgabe über ihrer Vorarbeit, der Erkenntnistheorie, vergißt, ist mit jenem Manne zu vergleichen, der um die Mittagsstunde in das Land der Verheißung fahren wollte, der aber glaubte sich auf seine Uhr für die Bestimmung jener Stunde nicht verlassen zu können, und nun sprach: „Ich will meine Uhr nach der Normaluhr auf der Sternwarte richten; um aber zu wissen, inwieweit man sich auf diese verlassen kann, muß ich die Präzision der Sternwartenapparate und ihre Fehlergrenzen genau untersuchen." Und er ging mit aller Gründlichkeit an das Werk und wurde alt und grau, und war mit den Exaktheitsmessungen auf der Sternwarte noch nicht zur Hälfte fertig. Und wenn der Mann in seiner emsigen Tätigkeit noch einmal seines ursprünglichen Planes gedachte, dann sprach er lächelnd: „Wie töricht war doch mein Reiseplan! Denn dies hat mich meine Forschung doch schon gelehrt: es gibt ja gar keine wirkliche Zeit; sie ist ja nur die Zeit meiner Vorstellung. Und so gibt es auch gar keine Mittagsstunde und keine Reise zum Lande der Verheißung!"

Eine andere Gruppe der Fachphilosophen gab sich ganz historischen Interessen hin. Nun hat uns die Philosophiegeschichte, die von Hegel eingeleitet, von Männern wie Zeller, Kuno Fischer, Windelband ausgebaut wurde, wahrlich viel gegeben. Sie hat uns das Verständnis für die große Geistesbewegung der Vergangenheit erst erschlossen und uns dankbarer und bescheidener gemacht; sie lehrte uns, wie sehr wir Enkel sind. Allein diese Lehre ist doch noch nicht selbst Philosophie, sondern nur die Vorschule hierzu. Zu der Einsicht, daß alle früheren Epochen in ihrer Art Entwicklungsstufen der Wahrheit gewesen, muß die andere treten, daß man auch selbst eine Entwicklungsstufe der Wahrheit bedeuten könne und solle. Janusköpfig muß die Philosophie sein, nach rückwärts und vorwärts muß sie schauen können, will sie sich nicht selbst aufgeben; die nur-historische Einstellung mit ihrer Forderung völliger Objektivität gegenüber den verschiedensten Weltanschauungen aller Zeiten vergißt leicht, daß man selbst ein Subjekt sei, welches sich eine eigene Weltanschauung zu erarbeiten habe; wenn man zu stark fühlt, daß man geistiger Enkel sei, denkt man zu wenig daran, daß man geistige Enkel haben solle.

„Das Unhistorische und das Historische ist gleichermaßen für die Gesundheit des Einzelnen, eines Volkes und einer Kultur nötig." Diesen Satz Goethes stellt Nietzsche an die Spitze seiner berühmten Schrift „Über den Nutzen und Schaden der Historie für das Leben", in der er — wenn auch mit übertriebenster Einseitigkeit — schildert, wie der Nur-Historismus zur Schwächung des eigenen philosophischen Wollens und Wertens führen kann.

Endlich gibt es noch unter den Philosophen von Fach einige spezialwissenschaftlich gerichtete Gruppen. Philosophie ist bekanntlich die Stammmutter aller Sonderwissenschaften, die zu sehr verschiedenen Zeiten aus ihr hervorgegangen sind — ohne daß sie selbst dadurch an Existenzberechtigung, ja auch nur an Größe ihrer Aufgaben Minderung erfahren hätte. Nur vorübergehend kann in solchen Zeiten, in denen wieder neue Sprossen dem Mutterboden entspringen, das spezifisch philosophische Moment hinter dem spezialistisch wissenschaftlichen zurücktreten — und so war es in den Tagen der letzten Kultur. Ethik, Ästhetik, Soziologie machten mehr oder minder erfolgreiche Ansätze dazu, sich den oben genannten „Kult der Gesichtspunkte" anzueignen und sich von der Gesamtphilosophie abzusondern. Am weitaus stärksten aber war die Bewegung in der Psychologie; diese fand sich vor einer solchen Fülle neuer Aufgaben und vor einer so ausgebildeten, den exakten Naturwissenschaften entlehnten Methodik, daß sie die volle Arbeitskraft ihrer Vertreter in Anspruch nahm. Da nun aber diese Forscher zugleich dem Fach und Beruf nach die Philosophie zu vertreten hatten, so wurde es verständlich, daß das Verhältnis sich zuweilen zu einer mehr äußerlichen Personalunion verflüchtigte; die eigentlich schaffende Tätigkeit galt der Psychologie, die Lehrpflicht der Philosophie. Hieraus konnten sich für die Weltanschauungspflege ähnliche Folgen einstellen wie beim Nur-Historiker und beim Nur-Erkenntnistheoretiker: das Bewußtsein eines inneren Berufes zum Weltanschauungsaufbau trat gegenüber jenen dringenden andersartigen Interessen leicht zurück. Man täte aber der Psychologie Unrecht, wollte man ihr wegen solcher gelegentlichen Erscheinungen eine prinzipiell antiphilosophische Wirkung zuschreiben; wie unzutreffend solche Meinung ist, zeigten gerade in der letzten Kultur Männer wie Lotze, Fechner und Wundt, die einerseits Begründer der neuen Psychologie waren, andererseits zu den ganz wenigen Philosophen gehören, welche in jener Zeit Weltanschauungsfragen aufzuwerfen wagten und zu lösen suchten.

Spricht denn nun aber nicht die Wirksamkeit dieser Männer

— denen wir dann noch, als aus einem anderen Lager kommend, E. v. Hartmann anzureihen haben — gegen unsere These von der Weltanschauungslosigkeit der letzten philosophischen Kultur? Ich meine doch nicht. Wir haben in den genannten Philosophen nur jene Ausnahmen zu sehen, die um so mehr die Regel bestätigen: haben sie doch als Weltanschauungskünder auf ihre Zeit keine irgendwie bemerkenswerte Wirkung gehabt. E. v. Hartmanns meteorartiger Erfolg in den 60er Jahren verflüchtigte sich sehr schnell; Fechner und Wundt haben Schule gemacht als Psychologen, aber nicht als Metaphysiker, Lotze hatte nur eine kleine, wenig hervortretende Schar von Jüngern; die Epoche als ganze ließ sich von ihnen in ihrer Weltanschauungslosigkeit nicht beirren. Vielleicht daß, wie manche meinen, die eigentliche Wirkung dieser Denker erst bevorsteht; dann sind sie, als kulturelle Faktoren betrachtet, nicht der letzten, sondern der neuen Kultur zuzurechnen, und bei deren Besprechung werden sie uns noch einmal begegnen.

Neben der Philosophie ist es die Religion, welche das geistige Gepräge eines Zeitalters bestimmt; was hat sie der letzten Kultur als Weltanschauungs-Stütze oder -Ferment geleistet? Ihr Einfluß war zeitweilig so gering geworden, daß die Gegner ihr nahes Ende auf dem Strohlager glaubten prophezeien zu dürfen. Nicht einmal den Tod auf dem Schlachtfelde wollte man ihr gönnen, sie schien überflüssig geworden zu sein. Es gab vielleicht schon Zeiten größeren Hasses, aber kaum je Zeiten größerer Gleichgültigkeit gegen religiöse Probleme und Werte. Auch Haß ist ein Gemütsanteil; vielen Modernen aber schien die Religion nicht einmal dieser Aufwallung mehr wert. Und selbst auf jene, denen Religion noch etwas war, hat sie doch nur herzlich wenig schöpferisch im Sinne starker Lebenserfüllung und Daseinsgestaltung gewirkt.

Der Grund liegt ebenso in der Gesamtkultur, wie in der Beschaffenheit des religiösen Faktors selbst. Die Kultur war durch und durch realistisch, aufs Einzelne und Sinnliche, aufs Nahe und Neue, aufs Verständliche und Verständige gerichtet — was sollte ihr da die Religion, für welche alles Einzelne nur Sinn hatte durch die Beziehung zum Ganzen und Unsinnlichen, zum Fernen und Ewigen, zum Unbegreiflichen und Unerschöpflichen? Die Religion hinwiederum war in eine gewisse Starrheit verfallen; ihre äußeren Kristallisationen: Kultformen, dogmatische Überzeugungen, engumschriebene moralische Forderungen drohten, den lebendigen Untergrund religiösen Erlebens zu ersticken, der das ewige und bleibende aller Religiosität ausmacht. Hierdurch aber begab sie sich selber zum Teil jenes Einflusses auf das Gemüt — und damit auf die höchsten Wertungen und Überzeugungen, die sie zu anderen Zeiten hatte.

Nun trafen diese beiden so verschiedenen Mächte aufeinander: der glaubensarme Kulturrealismus und die zur Erstarrung neigende Religion — und sehr verschiedene Folgen zeitigte der Zusammenstoß, nur nicht eine Weltanschauung. Es gab Kampf — und das ist noch das gesündeste, denn er veranlaßt die Kämpfer, ihre stärksten Kräfte zu entfalten. Aber eben darum stand er in jener Zeit zurück hinter bequemeren Mitteln. Es gab manches Kompromiss, und es war oft schwächlich genug, ein opportunistischer „fauler Friede". Es gab aber noch zwei andere Verhaltungsweisen, die, wie mir scheint, eine bezeichnende Eigenart der letzten Kultur darstellen: das Ignorieren und das Umschalten.

Das Ignorieren ist das absichtliche Sich-Verschließen gegen Existenz und Forderung der anderen Seite — als ob die Grenze der eigenen Gerechtsame die Grenze der Welt überhaupt wäre. Der Kulturrealismus geht seinen derben Schritt auf fester Erde, sieht gerade aus vor sich und auf den Boden unter sich und hüllt sich in eine Fiktion, als ob es so etwas wie schlechthinniges Abhängigkeitsgefühl, Erlösungsbedürfnis, Sehnsucht nach einem Sinne der Welt gar nicht gäbe. Der religiöse Dogmatismus andererseits (welcher Konfession auch immer) baut sich ein Welt- und Wertsystem aus rein kirchlich-religiösen Bausteinen und macht sich nichts davon wissen, daß draußen eine blühende Fülle von neuem Forschen und Meinen entstanden ist, Lebensformen, Wertungsweisen, wissenschaftliche Überzeugungen, die der Einordnung in sein System widerstreben. So entstehen einseitige Weltanschauungen, welche nur Stich halten, solange man freiwillig oder durch die Fügung des Geschicks innerhalb des engen Umkreises von Lebensbedingungen bleibt, für die sie bestimmt sind. Da aber die Orthodoxie ihre Glieder nie schützen kann vor der Berührung mit der Welt, die sie ignoriert, so muß bei solcher Berührung die Weltanschauungskraft ihrer Lehre versagen; und so stößt sie gerade durch ihr starres Ignorieren ihre eigenen Anhänger aus der gebundenen Lehre unmittelbar in die Weltanschauungslosigkeit. Umgekehrt mußten die „modernen" Menschen der letzten Kultur, wenn ihr religiöses Empfinden sich regte, vergebens nach einem Standpunkt Umschau halten, von dem aus sie beides in ein Bild zu fassen vermocht hätten.

Da blieb denn nur das „Umschalten" — das ist ein Ignorieren von Fall zu Fall. Der Mensch der letzten Kultur trägt einen sicher funktionierenden seelischen Schaltapparat in sich, mit dessen Hilfe er schnell die geistige Einstellung wechseln kann. Die einzelnen Daseinsgebiete stehen zusammenhangslos nebeneinander; ja es wird — wie beim Telephon — als Störung empfunden, wenn sich nach Herstellung einer Verbindung Klänge aus einem anderen Gebiet einmischen. Der Mensch hat so viele Standpunkte wie Kleider: im Kontorrock dient er einer anderen Weltanschauung als im Frack; im Sonntagsgewand bekennt er sich zu anderen Werten als im Alltagsanzug. Dies fortwährende Sich-Umstellen erfolgt nicht etwa vermittels eines Systems von Heuchelei, sondern mit fast harmloser Selbstverständlichkeit; so sehr ist der Gedanke verloren gegangen, daß die Einheit des persönlichen Daseins ein Wert sei. Wo es aber keine einheitlichen Persönlichkeiten gibt, da sind auch einheitliche Weltanschauungen nicht möglich; und mit Weltanschauung hat daher bei diesen Umschaltmenschen auch die Religion nichts mehr zu tun.

Das gleiche gilt von der Kunst. Diese kann zur Weltanschauung in doppelter Beziehung stehen: ihren Inhalt darstellend, sie selbst harmonisch gestaltend. So war Schillers idealistische Kunst nicht nur ein Abbild seiner idealistischen Weltanschauung, sondern zugleich ein notwendiger Bestandteil dieser: denn seine Weltanschauung fordert die Durchdringung der Menschheit mit Kunst und ihre Höherentwicklung durch Kunst: ästhetische Erziehung.

Die letzte Kultur kannte diese Mission der Kunst nicht — wobei freilich der Ausdruck „letzte Kultur" richtig verstanden werden muß. Nicht alle Lebensgebiete entwickeln sich zeitlich genau nebeneinander, und gerade die Kunst ist oft die früheste Künderin eines neuen Morgens. So ist es auch diesmal; deutlicher als auf einem anderen Gebiete läßt es die Kunst schon seit einigen Jahren erraten, daß eine Wendung der Kultur bevorstehe. Aber nicht jene ersten Frührotzeichen gehen uns hier an, sondern der graue Dämmer, der noch jetzt in weiten Niederungen der Kunst lastet und in den 70er, 80er Jahren fast alles Kunstgeschehen umnebelte. Es war wirklich eine Zeit ästhetischer Weltanschauungslosigkeit. Epigonenhaftes Tun holte sich nicht die künstlerischen Inhalte aus den starken Strömungen, dem dunkeln Drange der Zeit, sondern hielt sich an alte Formen und erprobte Stoffe — und so fand, was als Beweis allein genügen mag, das gewaltige Ereignis der Reichsgründung keinen seiner würdigen künstlerischen Ausdruck.

Noch schlimmer womöglich stand es mit der anderen Aufgabe der Kunst, daß sie das Leben selbst formen solle. Hier herrschte jene traurige Umschaltungstendenz, von der wir oben sprachen, fast uneingeschränkt. Unkünstlerisches Leben stand neben unlebendiger Kunst. Man kannte Kunst höchstens als Erholung vom und als Gegensatz zum Alltag und ahnte nicht, daß sie dem Alltag selbst etwas sein solle. Wohnung und Kleidung, Straßen und öffentliche Bauten sollten praktisch, billig, hygienisch sein, Bücher und Zeitschriften der Belehrung oder der flüchtigen Unterhaltung dienen, Ankündigungen in die Augen fallend und sensationell wirken — was hatte das alles mit Kunst zu tun? Man war wohl bestrebt, des Volkes Wohlfahrt zu heben: durch Fürsorge und Gesundheitspflege, durch Schaffung von Schulen und Fortbildungsmöglichkeiten, durch soziale Politik usw. — aber daß auch die Kunst in diese Bestrebungen gehört, kam keinem in den Sinn. Sie erschien als Luxussache, jenen zugänglich, die sich eben Luxus gönnen konnten. Das Leben dessen, der von Kunst nichts weiß und merkt, schien einer angenehmen Abwechselung zu entbehren, das war alles. Die Künstler selbst aber machten diesen Zug mit, indem sie sich vom pulsierenden Leben abschlossen, wie dieses von ihnen; sie fühlten sich als Berufsästheten mit aller Exklusivität der Kunst; indem sie das „l'art pour l'art"-Prinzip aufstellten, verzichteten sie darauf, Erzieher der Menschheit und Weltanschauungshelfer der Epoche zu sein. Natürlich auch wieder mit jenen vereinzelten Ausnahmen, die an dem Totalbild nichts ändern. Ein Richard Wagner hat sein „Gesamtkunstwerk" bewußt als ein Gesamtkulturwerk empfunden und vertreten; aber auch er glaubte, die Weihe der Kunst nur in der Form des Weihefestes, d. h. einer dem Alltagsleben möglichst entrückten Veranstaltung zu sichern.

Wenn nach alledem die letzte Kultur keine Weltanschauung besaß, hatte sie wenigstens eine Lebensanschauung? Wenn keine Einheit des Meinens und Glaubens, so doch vielleicht eine des Wertens und Wollens? Hier lautet die Antwort nicht ganz so negativ, aber immerhin noch unbefriedigend genug.

Es ist wohl möglich, die praktischen Tendenzen der letzten Kultur auf eine kleine Anzahl von umfassenden Gesichtspunkten zurückzuführen, die wirklich den Typus des Zeitalters bis in feine Verzweigungen hinein bestimmten. Die Emanzipation des Individuums, die Nationalitätsidee, die kapitalistische Entwicklung, die soziale Frage, der technische Fortschritt — das sind die entscheidenden Triebkräfte der Epoche. Aber begründet sich in ihnen und durch sie wirklich eine geschlossene Lebensanschauung, eine sinnvolle Zielsetzung für Persönlichkeits-Dasein und Gemeinschafts-Streben? Berühren sie überhaupt jenes letzte Kernhafteste in Individuum und Menschheit, das den Mittelpunkt bildet für den weiten Umkreis der Lebensziele? Die Antwort muß Nein lauten — trotz allen Glanzes und aller Gewalt jener Kulturmotive. Mit einer merkwürdigen Konsequenz der Inkonsequenz gehen sie immer auf das Vorletzte einer Lebensanschauung, nicht auf sie selbst. Jene Zeit hat die Vorbedingungen und Mittel zu einer neuen Lebensgestaltung in einem Umfang und einer Stärke bearbeitet, wie kaum eine andere Epoche; aber sie hat zugleich über diesen Vorbedingungen das eigentliche Ziel vernachlässigt oder gar die bloßen Mittel schon mit den Zwecken verwechselt — ebenfalls wie keine andere Zeit zuvor. Dieser Vorgang, der uns vielleicht am allernächsten an die Quellen der Weltanschauungslosigkeit heranführt, muß noch kurz beleuchtet werden.

Die Idee der Emanzipation war und ist an der Arbeit, den Menschen von allen möglichen Fesseln zu befreien, von theologischer und politischer Bevormundung, von Unwissenheit und von Pietätsbindungen, von Geschlechts- und Standesbeschränkungen; sie versäumte aber, der Frage „Frei wovon?", die wichtigere „Frei wozu?" anzureihen, übersah, daß Freiheit nicht die Verneinung der äußeren Kausalität, nicht „Entfesselung", sondern die Bejahung der inneren Teleologie: „Selbstbestimmung zu wertvollen Zielen" bedeuten muß. Wohin der Flug mit den befreiten Flügeln gehen sollte, das erschien als spätere Sorge, oder würde, so wähnte man, sich schon von selbst ergeben; alle Energie und Absicht galt zunächst nur der entfesselnden Vorarbeit.

Positiver war schon die Forderung der sozialen Idee: es müsse das Gemeinschaftsleben so geformt und geregelt werden, daß jedem einzelnen die Möglichkeit gegeben sei, sich durch seine Arbeit ein Mindestmaß menschenwürdigen Daseins zu sichern; und auf dem Gebiet des Materiellen, d. h. des Wirtschaftlichen und des Hygienischen, suchte man auch bereits dieser Forderung gerecht zu werden. Aber schließlich — mehr als die Möglichkeit zu menschenwürdigem und lebenswertem Dasein wollte auch die soziale Idee nicht gewähren; wie die geschaffenen Möglichkeiten zu Wirklichkeiten werden könnten, wie der Arbeiter das äußerlich gesicherte Dasein innerlich gestalten, wie die durch Arbeitskürzung gewonnene Freizeit mit wertvollem Inhalt ausgefüllt werden solle — diese eigentlichen Lebensanschauungsfragen blieben auch hier wieder späterer Erledigung vorbehalten.

Die kapitalistische Bewegung drehte sich um den Angelpunkt der Kapitalanhäufung und -verwertung; Kapital, Geld aber ist das universalste, damit zugleich das leerste, unpersönlichste Mittel zur Beschaffung von Kultur-Werten — oder auch -Unwerten. Weil es allen Zwecken dient, fehlt ihm jeder Selbstzweck; es erhält allen Sinn erst von dem anderen, dem es dient, und nichts ist grotesker, als wenn dieses indifferente, rein sächliche Moment dennoch zum Lebensinhalt gemacht wird, wie es der kapitalistische Zug der letzten Kultur wollte.

Die gleiche Indifferenz gegen letzte Werte kommt aber auch — trotz aller Größe — der Technik als solcher zu. Denn auch sie will ja nichts als Mittel schaffen: zum Verkehr und zur Beleuchtung, zur Vereinfachung und Vervielfältigung der Warenerzeugung, zur immer gewaltigeren Meisterung der Naturkräfte. Aber sie stellt diese Mittel mit mathematischer Gleichgültigkeit in den Dienst der entgegengesetztesten Zwecke. Es ist genau dieselbe Technik des billigen Massendrucks, welche die Bibel ebenso wie die Hefte der Schundliteratur in Tausenden von Exemplaren zu verbreiten erlaubt; es ist dieselbe Stahltechnik, welche die völkerverbindenden Schienenwege ebenso wie die völkerscheidenden Kanonen schafft; es ist dieselbe Beleuchtungstechnik, welche dem Bildungsstrebenden und dem Kunstfreund erlaubt, in Bibliotheken, Konzerten, Vortragssälen Abendstunden der Erbauung und Belehrung zu finden, und welche die Stätten wilden Sinnentaumels oder oberflächlicher Vergnügungslust in verführerischen Glanz taucht. Es liegt im Prinzip der Technik, nicht nach dem Wert der Zwecke selbst zu fragen, sondern nur nach den quantitativen Bedingungen zu ihrer Erreichung: noch schneller zu fahren, noch hellere Beleuchtung zu erzielen, noch wirtschaftlicher die vorhandenen Kraftquellen auszunutzen, noch massenhafter produzieren zu können — das sind ihre Ideale, und eben darum kann sie zu einer Lebensanschauung, deren Ideale qualitativer Natur sein müssen, überhaupt nicht führen.

So bleibt als letzter Faktor der praktischen Kultur nur noch die Nationalitätsidee übrig, die in der Tat mit der Bildung neuer organischer Volks- und Staatseinheiten jenem Zeitalter Ansätze zu wirklicher Inhaltsbereicherung der Lebensanschauung geboten hat. Aber immerhin auch nur Ansätze. Denn zunächst hatten ja jene neugeschaffenen Völkerindividuen genug damit zu tun, nach den Sturmzeiten ihrer Geburt ihre rein physische Selbsterhaltung zu sichern; die Durchdringung ihres nationalen Daseins mit neuem geistig-sittlichen Gehalt und damit die Entwicklung ihrer Völkerpersönlichkeit zu innerer Lebenseinheit mußte ebenfalls noch der Zukunft anheimgestellt werden.

Ist somit schon kein einziger der Kulturfaktoren geeignet gewesen, für sich der Lebensführung Inhalt und Ziel zu geben, so mußte nun das Gegen- und Durcheinandergehen so verschiedenartiger Motive vollends ein Chaos herbeiführen. Der Gedanke der individuellen Freiheit prallt hier mit dem der sozialen Gliedschaft, dort mit dem der nationalen Einheit zusammen. Das nivellierende Gleichberechtigungsstreben reibt sich an dem differenzierenden Eigenartsbewußtsein. Die Äußerlichkeiten der Technik und die Rücksichtslosigkeiten des Kapitalismus drohten, uralte naturwüchsige Werte zu überwuchern, die sich gegen das Neue stemmten, ohne doch die Kraft zu haben, aus sich heraus eine positive Gegenmacht zu erzeugen. So entstand eine Wirrnis, die von wahrer Kultur um so ferner war, je stolzer man sich seiner „Kulturerrungenschaften" rühmte; nicht die Zwecke, sondern die Mittel regierten: die Personen wurden Sklaven der Sachen. Hier erst erschließt sich ganz das Verständnis für jenes „Umschalten", das wir bei Religion und Kunst schon kennen lernten, das aber alles Tun der Zeit durchzog. Die Tat Peer Gynts, der sich Geld verdient durch Massenvertrieb von Götzenbildern an wilde Völker, und der mit demselben Gelde Missionäre hinausschickt, die jene Heiden bekehren sollen — stellt in genialer Übertreibung einen wirklich dem Zeitalter eignenden Zug dar. Und wird dem modernen Zeitungsleser nicht fortwährend diese Umschaltung zugemutet, wenn er im politischen Teil eine Philippika gegen die Warenhäuser und in dem Anzeigenteil seitenlange Anpreisungen ebendieser Warenhäuser liest? Oder wenn dasselbe Blatt, das über dem Strich den Niedergang des literarischen Geschmacks bedauert, unter dem Strich den elendesten Roman in homöopathischen Dosen bringt? Und was wurde aus der Schulbildung in jener Zeit? Eine mechanische Aneinanderfügung der disparatesten Stoffe und Standpunkte. Vom Schüler wird in der einen Stunde religiöse Einstellung verlangt; in der andern hat er sich umzuschalten auf die moderne Entwicklungstheorie des Naturgeschichtslehrers; der klassische Philologe empfiehlt ihm das antike Ideal, sein Deutschlehrer sucht ihn mit Begeisterung für die germanische Heldensage zu erfüllen. Ob und wie sich daraus je eine Einheit des persönlichen Seins und Werdens gestalten wird, das vergißt der Jugendbildner leicht zu fragen.

So führt denn die Betrachtung der Kulturpraxis zu demselben Ergebnis wie die Analyse des wissenschaftlichen und philosophischen, des religiösen und künstlerischen Verhaltens: Weltanschauungslosigkeit ist das Gepräge der letzten Kultur gewesen.

2. Der Wille zur Weltanschauung.

Betrachten wir nun jene anderen Linien, die das Bild unserer Zeit erst vollständig machen, wenn sie auch gegenwärtig noch viel leiser aufgetragen sind als jene und deshalb nur dem liebevollen Beobachter sichtbar werden.

Da sind zunächst Züge zu erwähnen, die, an sich durchaus unerfreulich, dennoch eine lichtere Zukunft ankündigen. Vorbedingung einer neuen Wendung ist es, daß der Mensch aufhöre, die letzte Kultur für die einzig mögliche und wünschenswerte zu halten; er muß zunächst einmal die fertige Selbstsicherheit und Selbstgenügsamkeit ihr gegenüber verlieren und ihre Stillosigkeit, ja Sinnlosigkeit als lebenverneinenden Feind empfinden.

Diese Seelenverfassung des „Kulturekels" — für sich allein genommen ein Zustand peinigender Schmerzhaftigkeit — findet sich besonders bei solchen Menschen, die sich mit den Errungenschaften der letzten Kultur vollgesogen haben und die intellektuelle Begabung zur Kritik, nicht aber eine entsprechende aktive Willensstärke besitzen; sie führt zu den Erscheinungen des Pessimismus und „der Décadence."

Es ist kein Zufall, daß — außer um die Zeit des entstehenden Christentums herum — pessimistische Lehren niemals mit solcher Konsequenz aufgestellt und vertreten worden sind, wie im 19. Jahrhundert. Wenn Schopenhauer der einzige philosophische Systematiker war, dessen Wirken noch aus der ersten Jahrhunderthälfte in die sonst so unphilosophische letzte Kultur mit stärkerem Widerhall hinüberreichte, so lag dies nicht an seiner Metaphysik, sondern an seiner geistvollen Negation der Lebenswerte und Kulturideale, an seinem Pessimismus. Dem gleichen Motiv hatte Eduard von Hartmann seinen schon erwähnten plötzlichen Erfolg, hatte der Buddhismus das Interesse weiter Kreise zu verdanken.

Was aber der Pessimismus in der Theorie ist, das ist die Décadence in der Praxis: eine übergroße Reizsamkeit der Seele, die von allem, auch dem minder Bedeutsamen, in tiefsten Tiefen aufgestört wird, wechselnd mit einer Blasiertheit, an der alles, auch das Heiligste, abgleitet. Ein Wühlen in der Einsicht, daß der Zeit der umfassende Sinn und dem Streben ein kernhaftes Ziel mangele, ein Leiden an dieser Einsicht, aber auch ein kokettes Sich-Brüsten mit ihr. Ein Dasein ohne Illusionen, aber auch ohne Ideale — man könnte an der Menschheitszukunft verzweifeln, wenn dieser Zustand wirklich den Niedergang der Kultur, nicht nur den einer einzelnen, engumgrenzten Kulturform bedeutete. Da er aber lediglich diesen Sinn hat, so dürfen wir voller Vertrauen sein: in Pessimismus und Décadence überwindet die letzte Kultur sich selber. Jene Einsicht in die Sinnlosigkeit des Daseins bleibt nur deswegen unfruchtbar für neue Kulturgestaltung, weil sie bei ihren Trägern verbunden ist mit völliger Passivität, ja Willenslähmung. Eine solche Verkümmerung der Aktivität ist aber nur die Eigenschaft einzelner, nicht (wie Nietzsche meinte) die allgemeine Krankheit der Zeit — das beweist ja die letzte Kultur gerade in ihren eigensten Sphären: in ihrer Arbeitsamkeit, ihrem Unternehmertum, ihrer bismärckischen Realpolitik und ihrem sozialen Wirken. An lebendiger Tatkraft gebricht es also nicht: sollte diese sich nicht ebensogut in den Dienst einer neuen Kulturgestaltung und Weltanschauungsschöpfung stellen lassen, wie sie sich in den Dienst der letzten Kultur hat zwingen lassen?

Und schon regt sich, über den bloß negativen Kulturekel hinaus, ein positives Bedürfnis nach Neuem. In weiteren Kreisen des Publikums, das selbst nicht schöpferisch sein kann, erwachen unklare Sehnsüchte, in denen sich ein Wunsch nach Weltanschauung bekundet.

Ein wiedererwachendes religiöses Verlangen beginnt die Kirchen zu füllen und das fast erstorbene Interesse an religiösen Debatten zu beleben. Es zeigt sich aber vor allem in der Teilnahme für jene außerhalb der Kirche entspringenden Strebungen religiös-ethischer Natur, die den Glauben im Sinne frommen Erlebens zu verinnerlichen und das Handeln im Sinne echter Sittlichkeit zu reformieren trachten: man denke an Tolstois und Moritz von Egidys Wirken. Auch die Bewegung um Nietzsche gehört zum Teil hierher; denn die Heftigkeit, mit der sie den Kampf gegen die Religion führt, erweist wider Willen die zunehmende Stärke des religiösen Interesses. Schließlich darf sogar eine so wirre Erscheinung wie der Spiritismus nicht unerwähnt bleiben; wenn diese Mischung trübsten Aberglaubens und theosophischer Mystik eine nach vielen Tausenden zählende Anhängerschar gewinnen konnte, so ist dies ein Kennzeichen dafür, wie stark das Verlangen sein muß, aus der Unbefriedigtheit und Zersplitterung des weltanschauungslosen Realismus unserer Zeit — mit welchen Mitteln auch immer — herauszukommen.

Der Philosophie gegenüber beginnt sich die Stellung des Publikums ebenfalls zu ändern. Die verächtliche Geberde, mit der man sie noch vor wenigen Jahrzehnten als Widerspiel echter Wissenschaftlichkeit oder als Rückstand überwundener Zeitläufte abtat, ist doch nicht mehr allgemein. Philosophische Bücher finden einen ständig wachsenden Leserkreis; die verödeten Hörsäle der Philosophiedozenten füllen sich wieder — wofür nicht nur Examensbedürfnisse, sondern auch die inneren Interessen der Studenten bestimmend sind. Ebenso beginnen in den Veranstaltungen für Volksbildung philosophische und verwandte Vorlesungen den naturwissenschaftlichen, technischen und literarischen die bisher behauptete Alleinherrschaft mehr und mehr streitig zu machen.

Endlich die Kunst: der Eifer — ja der nicht immer verständnisvolle Übereifer — mit dem sie von einzelnen Kreisen des Publikums gesucht wird, die Heftigkeit, mit der ihre neuen Entwicklungsphasen verfolgt und umkämpft werden, verraten doch, daß jenes gleichgültige Nebeneinander von Kunst und Bildung seinen Höhepunkt überschritten hat.

Der Wunsch nach Weltanschauung also ist rege: wie steht es mit jenen, die berufen wären, den Wunsch in Willen und den Willen in Tat umzusetzen, mit den geistig Leitenden und Leistenden?

Auch hier kann es sich ja nur darum handeln, Anfänge und Zukunftshinweise aufzudecken; denn die weiteren Kreise jener geistigen Führer, welche durch Wissenschaft, Kunst und praktisches Wirken der Zeit den Stempel aufdrücken, unterliegen noch dem Trägheitsmoment der Kulturbewegung; sie bekennen sich, ausgesprochen oder unausgesprochen, zu den Postulaten der letzten Kultur: zu Metaphysik-Angst und dem Kult des Spezialismus, zu Umschaltung und Entpersönlichung des Daseins, und wie sie sonst heißen mögen. Aber ihnen steht doch schon eine kleine, sehr zersplitterte und ihres inneren Zusammenhanges meist gar nicht bewußte Schar solcher gegenüber, die da anderes und Neues erstrebt. Hierbei nimmt Philosophie und Wissenschaft eine mittlere Stellung ein zwischen der Kirche auf der einen, der Kunst auf der anderen Seite.

Am wenigsten ist bisher das kirchlich-religiöse Schaffen an dem Neuen beteiligt. Das ist immerhin verständlich, nicht nur durch die stark konservative Macht kirchlicher Überlieferungen und Einrichtungen, sondern auch durch die Tatsache, daß die Kirche ja nicht, wie die anderen Gebiete, der Weltanschauungsgrundlage entbehrte. Das heftige Fegefeuerleiden der Standpunktlosigkeit war den Kirchen fremd geblieben, jenes Leiden, das erst eine gleich heftige Sehnsucht nach einer Neubegründung der Weltanschauung entzünden konnte. Jene aber, welche den Widerstreit zwischen kirchlichem Standpunkt und moderner Kultur innerlich erlebten, standen eben damit schon außerhalb der Kirche und konnten ihr daher nichts mitteilen von dem, was in ihnen gärte.

Ist die Kirche die gebundenste, so ist die Kunst die freieste und beweglichste der Kultursphären; und darum reagiert sie auch viel schneller und kräftiger auf die veränderten Aufgaben, welche die Zeit stellt. Nirgends ist das Bewußtsein, das man tatsächlich an dem Beginn einer neuen Epoche stehe, schon so deutlich geworden wie bei ihr. Seit einigen Jahren regt sich in ihr eine Bewegung voll glühenden Schaffensdranges und Stildurstes; ihre Vertreter zeigen die ungeklärte und rücksichtslose Hybris der Werdenden, aber auch das Ethos derer, die Ernst und Bedeutung ihrer Zukunftsmission erkannt haben. In diesem neuen Kunststreben lebt Weltanschauungswille und zwar in dem doppelten Sinne, den wir oben besprachen: die Kunst will ihre Zeit abbilden, und sie will sie künstlerisch durchdringen und gestalten.

Die Epigonenkunst der letzten Kultur war im großen und ganzen Darstellung der „vorletzten Kultur" gewesen. Weit entfernt davon, Kommendes vorzuahnen und vorzubereiten, hatte sie nicht einmal ihre eigene Gegenwart künstlerisch zu erfassen gewußt. Hier setzte nun zunächst die Bewegung des Naturalismus ein: er suchte die Formel der letzten Kultur anschaulich darzustellen. Freilich war er sich selbst dieses Zieles meist nicht klar bewußt; er hielt es für seine Aufgabe, die Wirklichkeit wiederzugeben, wie sie ist, mit ihren Wesentlichkeiten ebenso wie mit ihren Unwesentlichkeiten, und hat durch übertriebene Befolgung dieser Idee die ärgsten ästhetischen Sünden begangen. Seine eigentliche Bestimmung aber war die ganz andere, ein künst-lerisches Fazit jener realistischen Zeit zu ziehen. All ihre charakteristischen Züge: die Beherrschung des Geistigen durch das Stoffliche, die Unterdrückung persönlicher Werte durch unpersönliche Faktoren (Vererbung, Umwelt), die moderne Massenbewegung mit ihrer mechanisierenden Tendenz im Wirtschaftlichen, Sozialen und Technischen — sie waren bis dahin nur als Tatsachen des Alltags oder höchstens als Themata der abstrakten Theorie vorhanden; und sie wurden nun künstlerisch entdeckt und geformt. Die historische Bedeutung des Naturalismus lag also nicht darin, daß er beliebige Wirklichkeitskunst, sondern daß er bodenwüchsige Gegenwartskunst war, die ihrer Zeit den Spiegel vorhielt — und wenn jene Strömung nicht Weltanschauungskunst im hohen Sinne des Wortes werden konnte, so lag dies einfach daran, daß ihr Gegenstand, die letzte Kultur, eben selbst der Weltanschauung bar war.

Deshalb aber klang der Naturalismus auch ebenso schnell ab, wie er gekommen. Er hatte die Menschheit künstlerisch vom Gestern befreit und gab die Kulturformel für das Heute; echte Kunst aber schaut zugleich nach vorwärts, formt die Kulturparole für das Morgen. Daher ist denn die Kunstbewegung, an deren Wiege wir nunmehr stehen, von ganz anderer Natur. So verschieden die Namen ihrer einzelnen Strömungen sind — Impressionismus und Symbolismus, Neuromantik und Neuidealismus usw. — gemeinsam und entscheidend ist, daß sie gerade das sucht, was der letzten Kultur fehlte: Persönlichkeit, Verinnerlichung, Vergeistigung; und zwar sucht sie dies nicht aus subjektiver Laune oder ästhetisierendem Genießertum, sondern aus einem metaphysischen Drange heraus. War für den Naturalismus das Persönliche Erzeugnis oder Opfer des sächlichen Moments in der Welt, so kehrt die neue Kunst die Betrachtung um: der Stoff und alles Äußere, Farbe und Licht, Ton, Sprache und Rhythmus erhält seinen wahren Sinn erst als Symbol, Werkzeug und Träger see-lischer Werte. Die Seele ihrerseits strebt danach, ihr Sein dem Körperlichen aufzuprägen und zwar nicht nur dem eigenen Leib; für die ganze Welt der Sachen wird Durchgeistigung gefordert, Ineinsbildung von innerem Erleben und anschaulichem Ausdruck. Optimistisch ist diese Kunstbestrebung im Gegensatz zur illusionslosen Décadence und dem schwarzfärberischen Naturalismus; denn sie ist beseelt von dem Glauben, daß das Leben ein sittliches Kunstwerk, der Mensch eine harmonische Einheit von Innen und Außen, die Welt eine kosmisch-geistige Harmonie sein könne. Und kulturwirksam ist diese Kunst in ganz anderem Sinne als die früheren Strömungen; denn sie will nicht Luxussache der Genießenden, sondern ein alles Leben mitbestimmender Faktor sein. Für die Persönlichkeit, so lehrt sie, ist all das, worin sie lebt und woran sie sich betätigt, ihr Haus und Heim, ihr Kleid und Tisch, ihr Buch und Bild, nichts unorganisch Angekittetes, sondern zu ihrem Wesen Gehöriges und dieses Wesen Darstellendes; darum soll jeder an sich selbst jene künstlerische Ineinstimmung von Innen und Außen vollziehen, er soll sein Dasein veredeln, indem er es gestaltet. Ob dies Verlangen nicht auch zuweilen in Übertriebenheiten und Verstiegenheiten ausartete, in welcher Weise ferner jenes Verlangen zu bestimmten philosophischen Weltanschauungen hinzuführen geeignet scheint, das darf uns hier nichts angehen — genug, daß wir den Weltanschauungswillen erkennen und anerkennen, der in diesen Bestrebungen lebt und sie zu einem Herold der neuen Kultur gemacht hat.

Die entscheidende Frage für uns geht aber doch dahin, ob auch die Philosophie selber sich wieder der Aufgabe bewußt zu werden beginnt, Schöpferin und Trägerin der Weltanschauungsidee zu sein. Die Antwort darf erfreulicherweise bejahend lauten.

Schon einige an und für sich ganz äußerliche Tatsachen sind kennzeichnend hierfür. Die letzten Jahre des 19. Jahrhunderts haben neben jenen philosophischen Werken, die der Erkenntnistheorie, der Philosophiegeschichte und der Psychologie gewidmet waren, immer mehr systematische Bücher hervorgebracht, welche zu Fragen der Weltanschauung positive Stellung nahmen, ja überhaupt erst den Ausdruck „Weltanschauung" zu einem gebräuchlichen machten. Unter den Vorlesungen der Universitäten sind zwar solche über „Metaphysik" oder „System der Philosophie" immer noch so selten wie früher; wohl aber tauchen Kollegien über Naturphilosophie auf, meist von den (früher philosophiefeindlichen) Naturforschern selbst gelesen; und die philosophiegeschichtlichen Vorlesungen, welche noch vor kurzem bei Hegel und Schopenhauer abschlossen, beginnen jetzt in eigenen Abteilungen „die Philosophie des 19. Jahrhunderts bis zur Gegenwart" zu behandeln. Der Philosoph aber, der hierüber liest, kann nicht mehr rein historisch sein. Denn in den Strömungen, von denen er spricht, steht er ja selbst mitten inne; die Probleme, die er erörtert, brennen ihm als lebendige Gegenwartsfragen selbst auf der Seele. Wenn er von Darwin und Marx, von Fechner und Nietzsche spricht, kann er nicht bloß sachlich berichten, er muß Stellung nehmen zu Wert und Bedeutung jener Lehren für das Weltanschauungsproblem unserer Tage.

Diese Symptome ergeben sich schon aus dem äußeren Betrieb der Philosophie; noch mehr aber läßt der innere Gehalt der philosophischen Arbeit den kommenden Umschwung voraussehen.

Besonders bemerkenswert scheint hier zunächst, daß eine Gruppe dieser neuen Weltanschauungssucher aus Erkenntnistheoretikern besteht, also aus jenen Philosophen, in deren Denken bisher zerfasernde Kritik und Agnostizismus durchaus im Vordergrunde standen. Früher bekämpften sie nicht nur das metaphysische Ziel, sondern auch den metaphysischen Trieb: „Wo es nichts zu wissen gibt, da gibt es auch nichts zu suchen!" Jetzt sieht man doch, daß die Probleme, deren metaphysische Lösbarkeit man nach wie vor bestreitet, immerhin eine Stellungnahme von uns fordern können: „Wo es nichts zu wissen gibt, da gibt es doch etwas zu meinen." Wenn auch die Grenzen des Erkennens scharf gezogen bleiben, so scheint es trotzdem erlaubt, Vermutung und Sehnsucht über diese Grenze hinaus schweifen zu lassen (Kurt Laßwitz, O. Liebmann und andere). Daß sich freilich bei solchen Denkern nicht jener hinreißende Schwung und jenes starke Selbstvertrauen zu schöpferischer Tat finden, wie sie zur Gestaltung einer neuen Weltanschauung Vorbedingung wären, ist nur zu verständlich. Und vor allem bleiben auch sie vor der einen grundsätzlichen Schranke des Kantischen Kritizismus stehen: vor dem Dualismus zwischen Zweck und blinder Kausalität, Freiheit und Zwang, Persönlichkeit und Sachlichkeit. Die Argumentation, daß jene Begriffe zwei gänzlich verschiedenartigen Betrachtungsweisen und Standpunkten angehören, die nichts miteinander zu tun hätten, sie ist nichts anderes als die uns wohlbekannte „Umschaltungstendenz" der letzten Kultur, welche, wie wir sahen, wirkliche Einheitsbildung der Weltanschauung unmöglich macht.

Aber es gibt auch Denker, die von vornherein mit systematischem, nicht mit vorwiegend kritischem Interesse, und daher auch mit größerer Zuversicht, an die Aufstellung eines umfassenden Weltbildes gehen; es sind jene, die wir in der weltanschauungslosen letzten Kultur als Ausnahmen — als Offiziere ohne Soldaten — genannt hatten.

Das Neue, das sich in ihnen philosophisch vorbereitet, ist — ganz ähnlich wie in der Kunst — die Abwendung vom reinen Naturalismus. Während die Bewegung um Häckel noch glaubt, nur abgestandene und überwundene Weltanschauungen bekämpfen zu müssen, wird als ihr eigener künftiger Überwinder mitten aus der Gegenwart und aus modernem Streben heraus e in neuer Idealismus vorbereitet. Freilich, das Wort Idealismus ist schon sehr abgegriffen und daher im Gebrauch verschwommen geworden; dennoch mag es zur rein vorläufigen Charakterisierung der neuen Keime genügen. Die Zeiten gehen ihrem Ende entgegen, da die großen Erfolge mechanisierender Naturwissenschaft auch die Denker so blendeten, daß alle Überzeugungen, welche sich nicht glatt in jene Gedankengänge einfügten, in den Winkel krochen und sich mundtot machen ließen — die Zeiten, da „Idealist" identisch schien mit „sonderbarer Schwärmer", und da die großen Idealisten früherer Epochen, ein Fichte oder Hegel, als bloße Luftschloßarchitekten verspottet oder gar als Schädlinge der Wissenschaft gescholten wurden.

Freilich hat der neue Idealismus noch ein schweres und langwieriges Werk zu leisten, ehe er seine Weltanschauungsmission erfüllt haben wird.

Wenn es ihm bisher noch nicht gelang, so lag es daran, daß e r die neue Aufgabe noch nicht schwer und weit genug genommen hat.

Das Hauptbestreben wird ja zweifellos darauf ausgehen müssen, sich bei voller Wahrung idealistischer Grundanschauungen mit dem ungeheuren Machtfaktor naturwissenschaftlicher Erkenntnisse auseinanderzusetzen, ja sie als integrierende Bestandteile in das eigene System aufzunehmen. Das schnelle Fiasko, welches der klassische deutsche Idealismus wegen seines antinaturalistischen und antiempirischen Zuges erlitten hat, muß dem kommenden eine heilsame Lehre sein; und die Vernachlässigung, welche der moderne Naturalismus gegenüber den idealen Seiten der Welt und des Lebens zeigt, darf nicht mit gleicher Münze heimgezahlt werden.

Diese Forderung ist nun allerdings jenen Philosophen, die an einer Erneuerung des Idealismus beteiligt sind — einem Fechner und Lotze, Hartmann, Wundt, Paulsen — meist nicht fremd geblieben; im Gegenteil, ihr Streben nach einem Ausgleich ist von so intensiven naturwissenschaftlichen Interessen unterstützt, daß man sie am richtigsten Ideal-Realisten nennen könnte (welchen Namen auch einer von ihnen, Wundt, ausdrücklich für sich in Anspruch nimmt). Aber eben dieses Ausgleichsbestreben kommt bei ihnen zu früh zur Ruhe, und so sind ihre Systeme doch nur Kompromisse, welche die Schwierigkeiten mehr verhüllen als beseitigen. Die ganze ungeheure Wucht und Weltentiefe der Gegensätzlichkeit, die zwischen einer mechanistisch-unpersönlichen und einer teleologisch-persönlichen Weltansicht besteht, muß erst innerlich erlebt und ausgelebt werden, damit die Antithese innerlich überwunden werden könne; und eben diese Problemtiefen sind von jenen Männern noch nicht ausgeschöpft worden. Die neue kommende Weltanschauung verlangt eine völlige Umorientierung nicht nur der Standpunkte, sondern auch der Grundkategorien, an denen sich die Scheidung der Geister erweisen muß; und solange noch die von früheren Denkern überkommenen Kategorien — Schopenhauers „Wille" bei Wundt und Paulsen, Schellings „Unbewußtes" bei Hartmann — zu Leitmotiven gewählt werden, ist jene Umstellung nicht möglich. Auch die bei Lotze und Fechner im Vordergrund stehende Leib-Seelenfrage ist viel zu sehr Grundproblem der Metaphysik des 17. Jahrhunderts gewesen, als daß es noch die Unterscheidungslehren für die Weltanschauung des 20. bestimmen könnte. Denn der neue Gegensatz, der uns bedrängt, ist nicht mehr der zwischen Psychischem und Physischem, sondern der zwischen Teleologischem und Mechanistischem; und dieser Gegensatz liegt in einer anderen Dimension als jener; er ist ebenso innerhalb der psychischen wie innerhalb der physischen Phänomene aufstellbar und trifft damit das Wesen dessen, was beiden Erscheinungsweisen gemeinsam ist. „Person" oder „Sache"? So wird die neue Alternative lauten. Ist die Welt — die physische wie die psychische, die Natur wie die Kultur — erklärbar aus Kategorien der Sachlichkeit (der blinden Kausalität, der quantitativen Gesetzmäßigkeit, der Aggregierung letzter Elemente) oder aus Kategorien persönlichen Daseins (innerer Zielstrebigkeit, sinnvoller Aktivität, schöpferischer Synthese, individueller Ganzheit)?

Und der neue Idealismus wird „Personalismus" sein müssen —
nicht aber der naive und äußerliche Personalismus des volkstümlichen
Glaubens, sondern der kritische und innerliche, welcher in der Lage
ist, auch das gewaltige Gefüge der sächlich naturalistischen
Erkenntnisse den personalistischen Grundideen widerspruchslos ein-
und unterzuordnen.

Indes — es handelt sich hier ja nicht darum, ein Programm jener
Weltanschauung zu entwerfen, welche der Verfasser selbst zu
entwickeln hofft; sondern es sollte nur gezeigt werden, warum der
„Ideal-Realismus", von dem wir oben sprachen, sein Ziel verfehlen
mußte. Trotzdem werden jene Männer als Bahnbereiter und als
Neuerwecker philosophischen Interesses ihre hohe Bedeutung
behalten. Schon die Weltanschauungssehnsucht hebt sie weit über die
Fläche ihrer Zeitphilosophie heraus; die Vielseitigkeit des Wissens,
das nun wieder in umfassende Zusammenhänge gebracht wird
(besonders bei Hartmann und Wundt), war ein wohltätiges
Gegengewicht gegen den zersplitternden Spezialismus der letzten
Kultur; der Mut zur Metaphysik großen Stils (so bei Fechner und
Hartmann) wirkte wie etwas ganz Neues, längst verloren Geglaubtes;
und die Erziehung der philosophie-entfremdeten Gebildeten zu neuem
philosophischen Denken (Paulsen) pflügte den Boden, in welchem die
Zukunftsaaten aufgehen sollen.

Bedeutungsvoll ist es, daß die Vertreter des Ideal-Realismus zum
nicht geringen Teil von der Naturwissenschaft herkamen; Fechner war
Physiker, Lotze und Wundt Physiologen. Es ist dies das beste Zeichen
dafür, daß der Widerstreit gegen den mechanisierenden Naturalismus
nicht, wie manche behaupten, aus Unkenntnis naturwissenschaftlicher
Tatsachen und Gesetze und aus Unempfänglichkeit für den Geist der
Naturwissenschaft stammen konnte. Und diese Erscheinung greift
noch weiter. Es sind wahrlich nicht die schlechtesten Geister unter den
Naturwissenschaftlern selbst, welche die Mechanisierung des
Weltbildes nicht mitmachen wollen, und welche gerade auf Grund
ihres Fachwissens die philosophische Tragfähigkeit jener nur-
naturalistischen Erkenntniskategorien anzweifeln. So erhebt sich z. B.
eine immer stärker werdende Gruppe von Biologen gegen die
Versuche, das Lebendige restlos durch Physikochemie oder Energetik,
unter

Leugnung irgend welcher Zweckprinzipien, erledigen zu wollen. Bei Reinke und Driesch hat sich dieser „Neovitalismus" zum erstenmal zu einer teleologischen Lebenslehre verdichtet.

Wir kommen zu einer letzten Gruppe von Weltanschauungssuchern, die freilich aus den verschiedenartigsten Elementen besteht. Gemeinsam ist ihnen einmal die Zuspitzung alles Interesses auf die ethisch-praktische Seite, also auf „Lebensanschauung", zweitens die unbedingte Ablehnung der „letzten Kultur".

Was sie alle erstreben — Tolstoi und Nietzsche, Ruskin, Egidy, Eucken und manche andere — ist nicht eine Philosophie der Welt (der physischen und psychischen), sondern eine der Werte (der Kultur und des Lebens); Werte umwerten, den Menschen innerlich erneuern wollen sie. Es ist eine Art religiöser Begeisterung und prophetischer Zuversicht in ihnen, und darum auch — trotz aller pessimistischen Wertung der Gegenwart — letzten Endes doch ein Optimismus, der sich von dem tatlosen Neinsagen der Décadence grundsätzlich unterscheidet. Daß der Mensch heraus müsse — und heraus könne — aus jener Kultur der Lebenssinnlosigkeit, aus der Versklavung der Personen durch die Sachen, aus dem opportunistischen Umschalten und aus dem Götzendienst der Mittel ohne wertvolle Zwecke, das ist ihre gemeinsame Überzeugung; aber sobald es sich um das Wie dieser Erlösung und um das Was der künftigen Lebensreform handelt, herrscht unvereinbarer Gegensatz.

Und ebendiese Unvereinbarkeit der Lösung bei Anerkennung der einen großen Aufgabe zeigt, daß auch hier der Wille zur Weltanschauung noch nicht zur Tat werden kann. Ein doppelter Grund spielt dabei mit: die Einseitigkeit ihrer Lehren und die fehlende Brücke zur Welttheorie.

Die Einseitigkeit ist ja in gewissem Sinne eine Stärke; aus ihr zieht ein Tolstoi, ein Nietzsche erst die Kraft zur schöpferischen Prägung der neuen Lehre; ihr verdanken sie auch die aufrüttelnde Wirkung auf das Publikum. Aber zugleich ist die Einseitigkeit die Schranke ihrer kulturellen Sendung. Denn indem sie der Menschheit einen Wert eindringlich predigen — Tolstoi den der werktätigen gottergebenen Menschenbrüderschaft, Nietzsche den der machtvollen Individualitätsentfaltung — stellen sie alle anderen Werte als schlechthin negativ dar. Ihr „Umwerten aller Werte" ist in Wahrheit ein Entwerten aller Werte — bis auf einen, der zum Despoten gemacht wird. Wenn Tolstoi blind ist gegen all das Positive und Gute, was Kunst, Bildung, Wissenschaft dem Menschen zu geben vermag, und blind gegen das relative Recht der Persönlichkeit, sich in ihrer individuellen Besonderheit auszugestalten, dann kann er ebensowenig der Prophet des kommenden Zeitalters sein, wie Nietzsche, der sich verschließt gegen alles Überindividuelle, das im Individuum wirkt und wirken soll, gegen Sozialität und Nationalität, gegen Hingabe und Barmherzigkeit.

Diese Einseitigkeit ist zugleich eine Rückwärtsgewandtheit. Weil sie nicht wollen, daß die Kultur auf dem bisherigen Wege weiterschreite, scheint ihnen der alleinige Ausweg in der Rückkehr zu einer früheren Kulturstufe zu liegen, welche viele der uns vertrauten Lebensgüter und Wertgebiete überhaupt noch nicht besaß. Denn Tolstois Ideal ist Rückkehr zum Urchristentum, das Ideal Nietzsches Rückkehr zum Renaissance-Menschentum, das Ruskins Rückkehr zu mittelalterlicher Romantik und handwerklichem Kleinbetrieb. Doch eine wirkliche Umkehr, ein Auslöschen von Jahrhunderten gibt es in der praktischen Kulturbewegung sowenig wie in der Entwicklung der Wissenschaft.

Die Umwertung, welche das anbrechende Zeitalter braucht, darf daher weder in einer Abtötung zahlreicher Werte, noch in einer despotischen Neubelebung eines einzelnen früheren Wertes bestehen, sondern sie muß zu einer neuen Rangordnung der geltenden Werte führen. Eine Wert-Hierarchie, in welche die ewigen wie die historisch wechselnden Werte ihrer Bedeutung und ihrem gegenseitigen Verhältnis gemäß eingegliedert sind, und die zugleich eine Hierarchie von Forderungen für den handelnden Menschen enthält, das wird die schöpferische Leistung sein müssen, nach der mehr negativen und destruktiven, aber freilich unentbehrlichen Vorarbeit, die jene Lebensreformer getan haben.

Eine Rangordnung der Werte ist aber nur möglich in bezug auf irgend eine Ordnung des Seins — und damit kommen wir zu dem zweiten Mangel jener ethischen Bestrebungen. Es sind Lebensanschauungen, denen das Fundament der Welttheorie fehlt.

Nun hat uns ja der erste Abschnitt gezeigt, wie notwendig diese beiden Teile der Weltanschauung zusammengehören; setzt doch jeder Versuch, welcher der Welt eine Bestimmung, dem menschlichen Handeln eine Norm verleiht, voraus, daß man über das Wesen der Welt und des Menschen, über das Verhältnis des Menschen zur Natur, über die Bedeutung von Kausalität und Freiheit theoretische Überzeugungen besitze. Und erst, wenn sich diese Überzeugungen mit dem Gesamtsystem des Wissens in Einklang bringen lassen, ist eine Weltanschauung gewonnen. Ebendies aber haben jene Männer nicht geleistet. Tolstoi ist so durch und durch nur religiöser Ethiker, daß ihn die Einordnung seiner Postulate in ein theoretisches Weltbild gar nicht interessiert. Eucken baut die Forderung eines Reiches persönlicher Geistigkeit über die Welt des natürlichen Daseins hinaus, ohne zu fragen, wie sich unser Wissen und Meinen vom Naturgeschehen mit jenem Ideal vereinen ließe. Nietzsche sucht nur an einer einzigen Stelle eine Beziehung zwischen seiner Wertlehre und der Welttheorie herzustellen, nämlich dort, wo er sein Übermenschen-Ideal aus dem darwinistischen Gedanken der Zuchtwahl ableitet; aber auch diese Berührung ist äußerlich und unorganisch genug; zu einem systematischen Ineinanderdenken von Wertung und Wissen ist Nietzsche nie gelangt.

So zeigt denn auch die Ethik unserer Tage das gleiche Bild, wie es uns das Erwachen der religiösen Bedürfnisse, die neue Kunst, die immer stärker werdenden Unterströmungen von Wissenschaft und Philosophie offenbaren: einen Willen zur Weltanschauung, der mit jedem Jahr erstarkt, aber in seinem Sturm und Drang bisher noch nicht die Mittel zur Verwirklichung seiner Ziele gefunden hat. Und noch etwas anderes hat unsere Betrachtung als einen durchgängigen Zug dieses neuen Strebens erwiesen: es gilt, das Unpersönliche, rein Sächlich-Mechanische in der Wissenschaft ebenso wie im Leben durch eine neue Fassung des Persönlichen und Überpersönlichen, des Idealen und des Teleologischen zu bewältigen und zu überwinden. „Person und Sache", ihr Gegensatz und ihre Versöhnung, das ist das Grundproblem, das wir der kommenden Weltanschauung stellen müssen.

Zeitfracht Medien GmbH
Ferdinand-Jühlke-Straße 7
99095 Erfurt, Deutschland
produktsicherheit@kolibri360.de